U0057784

倫理療癒與德性領導的後現代智慧

黃光國　著

作者簡介

黃光國

臺北市人，出生於 1945 年 11 月 6 日。美國夏威夷大學社會心理學博士，致力於結合東、西方文化，以科學哲學做為基礎，發展本土社會心理學。著有中英文學術論文近百篇，曾獲得行政院國家科學委員會傑出研究獎三次，優良研究獎十餘次，教育部國家講座兩次。目前為國立臺灣大學終身特聘教授、臺大講座、傑出人才講座、教育部國家講座教授、總統府國策顧問、海峽交流基金會顧問、亞洲本土及文化心理學會會長。

相關著作

- 《中國人的權力遊戲》。台北：巨流圖書公司，1988。
- 《儒家思想與東亞現代化》。台北：巨流圖書公司，1988。
- （Ed.）*Easternization: Socio-cultural Impact on Productivity*. Tokyo, Japan: Asian Productivity Organization, 1995.
- 《知識與行動：中華文化傳統的社會心理詮釋》（第二版）。台北：心理出版社，1998。
- 《儒家關係主義：哲學反思、理論建構與實徵研究》。台北：心理出版社，2009。
- 《反求諸己：現代社會中的修養》。台北：洪葉文化，2010。
- 《心理學的科學革命方案》。台北：心理出版社，2011。
- *Foundations of Chinese Psychology: Confucian Social Relations*. New York, NY: Springer, 2012.
- 《社會科學的理路》（第三版）。台北：心理出版社，2013。
- 《倫理療癒與德性領導的後現代智慧》。台北：心理出版社，2014。

自序

「主客對立」與「天人合一」

我從 1980 年代投身於心理學本土化運動以來，便一直認為：發展本土心理學最重要的意義，在於解決西方心理學懸而未解的一項難題：1879 年，馮特（Wilhelm Wundt, 1832-1920）在德國萊比錫設立了第一個心理學研究室，開始用「科學方法」研究基本認知功能，而成為「科學心理學之父」。他很清楚地了解這種研究方法的侷限，所以在出版自己的研究成果時，冠以《生理心理學原理》之名（Wundt, 1874/1904）。為了要研究「人類智力與創造的高級形式」，他又以歷史學的方法研究有關的文化議題，出版了二十卷的《民族心理學》（Volkerpsychogie）（Wundt, 1916）。

◘ 兩種心理學

在「科學心理學」創立後不久，深受西方思潮影響的蘇聯心理學者維高斯基（Lev Vygotsky, 1896-1934），為了區分人類與其他動物在種族發生學上的不同，而在 1927 年區分為「基本」與「高等」心理歷程的差異。接著，他又根據狄泰爾（Dilthey）和繆斯特堡（Munsterberg）在「自然的解釋」和「人類行動的理解」之間所做的區分，將心理學區分為兩種：「因果心理學」（causal psychology），是指一種探討因果關係的自然科學；「意圖心理學」（intentional psychology），則是指以探討人類意圖為主要內容的「靈性心理學」（spiritualistic psychology）（Vygotsky, 1927/1987）。維高斯基提倡「起源研究法」（genetic method），強調研究人類心理歷程的發展，不但應包括微觀起源（microgenetic）或個體起源（ontogenetic）的探究，同時還應當兼顧物種起源（phylogenetic）的社會歷史分析。

維高斯基認為：個體的發展是根植於社會、歷史與文化的，在研究人類的心理歷程時，必須同時關注整個社會與文化的歷史條件與歷史過程。個體發生史（ontogeny）關心的是個人從出生到老死之間，整個心智發展歷程所涉及的改變。而文化則是整個社群在其歷史過程中所創造之人為飾物（artifacts）的總和，它是一個社群所累積的人為飾物，也是人類（心智）發展的媒介（medium），更是人所特有的（species-specific）。人類使用的各種工具、創造的各種藝術、運用的各式語言，都是人為飾物的不同類別。就這層意義而言，文化是「現在的歷史」（history in the present）。作為心智之媒介（medium）的文化，其發展以及它在世世代代的繁衍、生產與再生產，都是人類獨特的顯著特徵。

▣ 文化的過去

在物種起源史（phylogenesis）方面，維高斯基認為：人類與動物的分野在於高等心理功能的出現與發展。要了解人類與其他高等靈長類在物種發展史上的差異，就必須研究語言或文字的出現與使用、各種工具的創造、發明與使用，以及勞動形式的改變。此一部分的研究工作，涉及整個人類歷史與文化的發生與發展。

在維高斯基的影響之下，文化心理學者柯爾（Cole, 1996）認為：成人過去的文化經歷與限制，將透過社會化的歷程而轉移到新生兒身上，而成為新生兒在發展上的另一種文化條件。換言之，成人會根據其自身的文化經驗所建構的世界，來創造與嬰兒互動的環境。唯有擁有文化的人類能夠回到「文化的過去」（culture past），並將其投射到未來；然後，再把這個概念上的未來帶回現在，而構成新成員的社會文化條件。反過來說，文化的中介（cultural medium）使人類能將自身的過去，投射到下一代的未來。這個觀點使我們能夠藉由文化來找到世代之間心理歷程的連續性。

從這個角度來看，華人本土心理學者要想建構「含攝文化的理論」，必

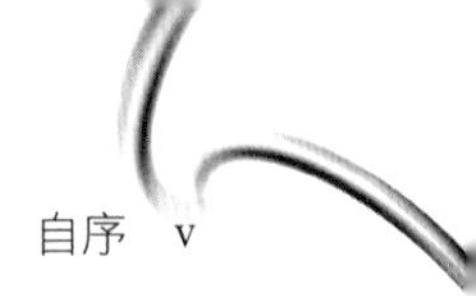

須要先了解中華文化發展的歷史。在傳說中，孔子曾經問禮於老子，其學說以「仁」為核心；孔子的弟子孟子，全力闡揚「義」的概念，荀子則主張「禮」，而構成「仁、義、禮」的倫理體系。法家思想以「法、術、勢」為主要內容；稍後又有兵家思想。這一脈相承的文化傳統代表了中華文化的辯證性發展，後起的思想對先行的學說有批判的繼承，也有創造的發展。用老子的話來說，這就是：「師道而後德，失德而後仁，失仁而後義，失義而後禮」《老子・道德經》，我們也可以進一步說，「先禮而後法，失法而後術，失術而後勢」，連「勢」都派不上用場，最後只好以兵戎相見。

春秋戰國時期，「道、儒、法、兵」這一脈相承的思想發展，代表中華文化由聖入凡、由出世到入世的世俗化（secularization）歷程。依這個順序發展下來，就是華人所謂的「順則凡」。而在道家思想中，則教導個人「復歸於樸」、「復歸於無極」，希望能夠回到「與道同體」的境界，可以稱之為「逆則仙」。

▣ 民族發展歷程的重演

在「道、儒、法、兵」的文化傳統影響之下，個人發展的歷程，幾乎是具體而微地重演了其民族發展的歷程，甚至在一日之中的不同階段，個人都可能重新經歷「道、儒、法、兵」的不同境界。王陽明（1472-1528）講過一段頗具啟發性的話：

> 「人一日間，古今世界都經過一番，只是人不見耳。夜氣清明時，無視無聽，無思無作，淡然平懷，就是羲皇世界。平旦時，神清氣朗，雍雍穆穆，就是堯、舜世界；日中以前，禮儀交會，氣象秩然，就是三代世界；日中以後，神氣漸昏，往來雜擾，就是春秋、戰國世界；漸漸昏夜，萬物寢息，景象寂寥，就是人消物盡世界。學者信得良知過，不為氣所亂，便常做箇羲皇已上人。」《傳習錄下》

王陽明所說的「羲皇世界」、「堯、舜世界」、「三代世界」、「春秋、戰國世界」、「人消物盡世界」，和「道、儒、法、兵、佛」五家思想所要處理的人生境界，大體是互相對應的。即使今日世界各地的華人社會紛紛轉變成為工商業社會之時，若仔細思考王陽明所講的這段話，反倒令人覺得更為貼切。

用《知識與行動》一書的概念架構來看（黃光國，1995），文中那位「人」於清晨起床後，「神清氣爽」，和家人相處，可能用源自於儒家的若干理念，經營出一幕「雍雍穆穆」的「堯、舜世界」。在現代的工商業社會裡，各式各樣的組織不斷地生生滅滅，大多數的人也都必須置身於各種不同的組織之中。上班之後，在工作場合，有些華人組織的領導者可能用法家的理念來管理組織，企圖營造出他們的「三代世界」。而其組織成員不論在組織內、外，都可能使用兵家的計策行為，和他人勾心鬥角，營造出一幕幕的「春秋、戰國世界」。下了班後，回到家，在「萬物寢息，景象寂寥」的「人消物盡世界」裡，他可能又「復歸於樸」，回歸道家或佛家境界，做個「羲皇已上人」。

◙「身—心—靈」一生的發展

王陽明的比喻，說明了繼承華人文化傳統的「人」，在一日之間可能具體而微地重演其民族發展的歷程。不僅如此，這樣的一個「人」，一生發展的過程也可能重演其民族發展的歷程。

用立體的〈曼陀羅模型〉來看，王陽明所謂的「人」，應當是業已經歷過兒童時期的「慾界」，而已進入到成人階段的「色界」。他不僅「身—心—靈」三方面都已經發展成熟，而且能夠運用源自中華文化傳統的行動智慧，在生活中的不同場域，和與其關係不同的他人進行互動。

等到他邁入老年階段的「無色界」，他可能會企圖使用源自於道家的氣功、太極拳、外丹功等，來維持「身—心—靈」的平衡，或使用禪坐、禮佛、唸經的方法，來祈求心靈的安頓。一旦這些努力都不再有效，佛教或道家的

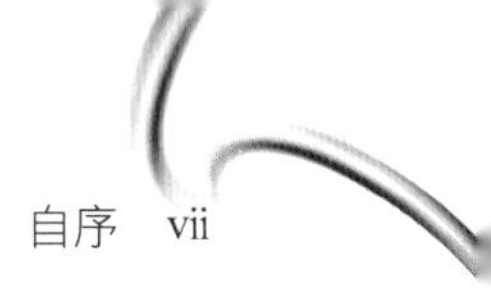

修養，也能夠使他坦然面對人生大限，「復歸於無極」；正如智侃禪師所說的：「撒手便行，古路坦然。」所以說，個體發展的歷程（ontogenesis）具體而微地重演了（recapitulates）其民族發展的歷程（phylogenesis）。

▣ 發展心理學的第三波

在我看來，心理學的發展目前正在經歷第三次大的典範移轉：行為主義以實證主義強調的實徵研究做為基礎；認知心理學以後實證主義的先驗理念論做為基礎；本土心理學則是以批判實在論主張的先驗實在論做為基礎。在全球化時代中，發展本土心理學的目的，是要依照文化心理學「一種心智，多種心態」的原則（Shweder et al., 1998），建構「含攝文化的理論」，一方面說明人類的普遍心智，另一方面則說明特定文化中人們的特殊心態，以解決現代心理學之父馮特（Wundt）未能以科學方法研究文化所遺留下來的後遺症，並整合維高斯基（Vygotsky）所主張的兩種心理學：「意圖心理學」及「科學心理學」，以推動心理學發展的第三次典範轉移。

基於這樣的見解，在《儒家關係主義》一書的第四章中（黃光國，2009；Hwang, 2012），首先說明了我如何建構普世性的〈人情與面子〉之理論模型（Hwang, 1987）；在該書第五章中，再進一步說明我如何以〈人情與面子〉的理論模型做為基礎，分析「先秦儒家思想的內在結構」，而構成一系列「含攝儒家文化的理論」，它們可以說是先秦儒家的「文化型態學」（morphostasis），代表著儒家的「文化系統」（cultural system）。

在該書的其餘各章中，我列舉了許多例子說明：如果研究者想探討「文化和社會的交互作用」（socio-cultural interaction），則他可以考量時間和空間因素等「先行條件」（antecedent condition），而推導出他所關注的假設，並從事實徵研究。

▣ 本書的結構

然而，單單只看儒家的文化系統，尚不足以看出中華文化的全貌。為了說明我的論點，本書共蒐集了六篇論文：第一篇〈「主／客對立」與「天人合一」：後現代的智慧〉一文，從《易經》與道家之「宇宙論」的對比，說明當前中華文化變遷的主要方向，是「中學為體，西學為用」，發揮儒家文化傳統善於包容之專長，充分吸納西方文明之菁華。

第二篇〈盡己：儒家倫理療癒的理論〉一文，是我以上述理念所建構出來的一種「含攝儒家文化的理論」，第三篇〈儒家文化中的倫理療癒〉一文，則是該一理論的應用；兩文合刊，旨在說明社會心理學的一個基本立場：好的理論必然有好的應用。同樣的，第四篇〈華人組織中的陰／陽均衡與德性領導〉一文，旨在建構「科學微世界」，藉以說明：儒家文化中的法家領導及管理理論；第五篇〈王道與霸術：儒家文化中的企業管理〉一文，則在說明此一「科學微世界」在「生活世界」中的體現；而第六篇〈中國人的兵法與計策行為〉一文，也是此一思略之下所完成的作品。希望這本書的問世，對本土心理學未來的推廣，起到樞紐性的作用。

國家講座教授

黃光國

2014 年 1 月

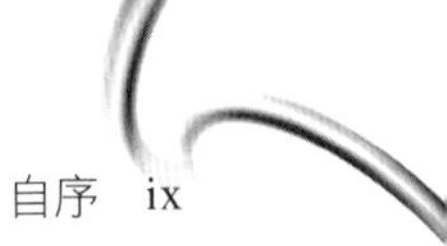

參考文獻

黃光國（1995）。《知識與行動》。臺北：心理出版社。

黃光國（2009）。《儒家關係主義：哲學反思、理論建構與實徵研究》。臺北：心理出版社。

Cole, M. (1996). *Culture in mind*. Cambridge, MA: Harvard University Press.

Hwang, K. K. (1987). Face and favor: The Chinese power game. *American Journal of Sociology, 92*, 944-974.

Hwang, K. K. (2012). *Foundations of Chinese psychology: Confucian social relations*. New York, NY: Springer.

Shweder, R. A., Goodnow, J., Hatano, G., Le Vine, R., Markus, H., & Miller, P. (1998). The cultural psychology of development: One mind, many mentalities. In W. Damon (Ed.), *Handbook of child psychology* (*Vol. 1*)*: Theoretical models of human development*. New York, NY: John Wiley & Sons.

Vygotsky, G. H. V. (1927/1987). *The historical meaning of the crisis in psychology: A methodological investigation*. New York, NY: Plenum Press.

Wundt, W. (1874/1904). *Principles of physiological psychology*. London, UK: Swan Sonnenschein.

Wundt, W. (1916). *Elements of folk psychology: Outlines of a psychological history of the development of mankind* (E. L. Schaub, Trans.). New York, NY: Macmillan.

目次 Contents

到一種哲學，做為「統一科學」（unification of sciences）的基礎。石里克在閱讀《邏輯哲學論》一書之後，大為振奮，認為這本書是「邏輯實證主義的宣言書」，將之推崇為新科學世界觀的典範。1924 年，石里克寫信給維根斯坦，試圖和他建立聯繫。維根斯坦回到維也納之後，石里克又邀請他參加維也納學圈的活動。在 1927 至 1929 年這兩年間，維根斯坦與學圈的成員石里克、卡納普（Rudolf Carnap）、費格爾（Feigl）、魏斯曼（Waismann）等人交往甚密，並對學圈成員的思想造成了重大影響。

▣ 語言遊戲論

1929 年 6 月，維根斯坦以他的《邏輯哲學論》一書，通過劍橋大學的論文答辯，獲得博士學位，並被聘為三一學院研究員。從 1929 至 1936 年這段期間內，他一面講授倫理學、語言哲學，以及邏輯學等課程，一面從事研究工作。他的朋友蘭姆西（Frank Ramsey）和劍橋的另一名教師——經濟學家斯拉法（P. Sraffa），則經常和他討論《邏輯哲學論》一書中的觀點。他們對書中某些重要論點提出非常中肯的質疑和批評，促使維根斯坦不得不重新思考《邏輯哲學論》一書中所探討的問題，以及他對這些問題所提供的答案。

1936 至 1947 年的大部分時間，他蟄居在挪威一間小屋裡，開始構思其後期哲學的著作——《哲學探究》（Wittgenstein, 1945/1953）。他一直寫到 1948 年，這本書才宣告完工。在這本書的前言中，他寫道：

> 「自從十六年前，我重新從事哲學研究以來，我不得不承認：我的第一部著作存在著嚴重的錯誤。對於這一點，蘭姆西對我的思想所做的堅定而有力的批評，是大有幫助的；這種幫助究竟有多大，我自己幾乎都無法做出判斷。在蘭姆西生命的最後兩年（即 1928、1929 年），我和他曾經針對這些思想進行過無數次的討論。除此之外，多年來本校教師斯拉法先生對我的思想不斷的批評，對我幫助更大。我要將這本書最重要的思想，歸功於這種刺激。」

◘ 生活形式

在這本書中，他提出了「語言遊戲」的重要理論。他有關語言哲學的兩本著作——《邏輯哲學論》和《哲學探究》，分別代表他對建構「科學微世界」及「生活世界」所提出的兩種語言哲學，跟這次論辯的兩項主題有十分密切的關係。維根斯坦在《哲學探究》一書中所提出的「語言遊戲論」認為：我們日常中所使用的語言，是由或大或小，或原始或複雜，功能各異的語言遊戲所組成的開放系統，它們之間並不具有形式上的一致性，而僅具有或多或少的親緣關係，此稱之為「家族相似性」（family resemblance）。

維根斯坦認為：語言是人類生活的一種現象。任何的語言實踐，都是以歷史繼承下來的特定風俗、習慣、制度等做為背景。在我們的生活形式中，任何一種語言遊戲的語法和語意規則都有其根源，都根植於生活形式之中，也都是在語言實踐中建立起來的。

貳、「支離破碎」的「實證研究」

維根斯坦本人的哲學轉向，不僅在科學哲學史上具有重要意義，對於了解此次爭議的源起及其可能的解決方向，也有十分重要的意涵。在北京大學獲得心理學博士學位，目前任教於中國人民大學組織及人力資源系的章凱指出，一個學科的發展，必須依賴：

> 「三個基本條件：一是對研究物件建立了正確的理論原型；二是擁有與理論原型相適應的科學研究方法；三是形成了符合實際的學科方法論。中國哲學和思維方式（例如：陰陽模式等）對解決第一個和第三個問題很有意義，西方社會科學在實證方法上頗有長處。由於人和組織的複雜性，中國文化沒有孕育出管理學的研究方法（但也不片面追求實證）；但美國主導的管理研究方法主要來自於統計

1.「主／客對立」與「天人合一」：後現代的智慧

2013 年 3 月初，在孫達拉真（Louise Sundararajan）博士主持的美國心理學會「本土心理學推動小組」（Task Force for Promoting IP, APA）通訊網站上，李平教授有關中國傳統「陰／陽」思維方式的見解，引起了熱烈的討論和對辯。平日在這個網站上交換學術訊息的學者，雖然來自社會科學各個不同領域，但是參與這場論辯的學者，大多為國內外資深的傑出管理學者，之所以如此，主要是因為管理科學雖然是源自西方的一門學問，但中國文化傳統卻有極其豐富的資源，可供管理學者應用。大家所討論的問題，則涉及了建立中國「自主社會科學傳統」的根本問題。

◘ 中華文藝復興的主題

挑起這場辯論的李平教授（Peter Ping-Li）任教於丹麥哥本哈根企管學院（Copenhagen Business School），主授「中國企業研究」；多年來，他發表了許多篇論文，極力主張：中國文化傳統中的「陰／陽」思維是管理科學中的瑰寶，不僅可用於中國式管理之中，而且值得向國際學術界推廣。武漢工程大學管理學院副院長呂力教授也認為：

> 「陰陽不僅是一種認知模式，還是一種行動模式。認知模式代表了世界觀，而行動模式代表了方法論，世界觀和方法論結合起來就是一整套中國管理哲學。」
>
> 「這一套中國管理哲學並非只適用於中國，它是普適的。正如『己所不欲，勿施於人』這一全球倫理『金規則』來自於孔子，而適用於全人類一樣。」

可是，他們的主張卻引起了不少質疑：「陰／陽」思維可以成為管理科學研究的題材嗎？我們該如何用科學方法來研究像「物極必反」、「你中有我，我中有你」的「陰／陽」思維呢？譬如，在中國人民大學任教的章凱教授便表示：他不同意「用陰陽模型和中庸觀念替代具體的理論開發，管理理論發展需要有自己的概念，而不是陰陽，也不是中庸」。

我在臺灣推動「社會科學本土化運動」三十餘年，目前擔任「亞洲本土及文化心理學會」會長，在大家的論辯過程中，我密切注意每一個人的發言，認為這場論辯的內容很可能有助於促成李平所提的「中華文藝復興運動」（Chinese Renaissance），因此自告奮勇，根據過去推動本土心理學運動的心得，撰寫本文，就教於各位方家大德。

本文的主要論點是：「陰／陽思維」原本是中國文化中「前現代」的思維方式。倘若中國的社會科學家對近代西方科學哲學的發展有相應的理解，能夠以之做為基礎，建構本土社會科學的「微世界」，則「陰／陽思維」將變成一種「後現代的智慧」（post-modern wisdom），有助於華人管理者解決他們在生活世界中所遭遇到的各項管理問題。

壹、科學哲學的典範轉移

要了解說明這段論述，首先必須先說明「科學微世界」和「生活世界」的不同。1999 年，亞洲社會心理學會在臺灣召開大會，邀請維也納大學哲學系主任瓦爾納（Fritz Wallner）做主題演講。他致力於整合二次大戰結束以來的哲學發展，曾經提出「建構實在論」（constructive realism）的科學哲學。當時我正在撰寫《社會科學的理路》（黃光國，2001）一書，已接近完稿階段，聽他演講之後，很受啟發，因此仔細研讀他的著作，並在我正在撰寫的書中，增加了第十九章，介紹其哲學，認為它代表了一種整合「科學微世界」的「新起點」。同時，又針對發展本土心理學之所需，撰成〈現代性的不連續性假設與建構實在論〉一文，仔細說明「生活世界」與「科學微世界」之間的不同（黃光國，2000），如表 1-1 所示。

表 1-1 生活世界與科學微世界中兩種知識的對比

	生活世界	科學微世界
建構者	文化群體	單一科學家
思維方式	原初性思考	技術性思考
理性種類	實質理性	形式理性
建構模式	參與式建構	宰製式建構
世界觀的功能	生命的意義	認知世界

在《儒家關係主義：哲學反思、理論建構與實徵研究》一書的第二章中（黃光國，2009；Hwang, 2012），我又以表 1-1 的區分為基礎，說明非西方國家的現代化，以及心理學本土化的目標。由於篇幅的限制，本文無法深入討論表 1-1 的各個不同面向，但這裡必須強調的是：

科學微世界的建構，是西方啟蒙運動之後才發生之事。對於在非西方文化中成長的學者而言，它完全是一種異質文明的產品。在西方近代文明發展史上，許多哲學家不斷殫精竭慮，思考科學家如何建構他們的科學微世界，而形成所謂的「科學哲學」。然而，非西方國家的學者大多是先注意到西方科學的產品（例如：「船堅炮利」），而立志學習「科學」；卻很少人注意到西方科學跟自身文化的根本差異，更少人思考：西方科學家建構「科學微世界」的哲學基礎。更重要的是：西方科學家建構「科學微世界」的哲學基礎並不是固定不變，而是與時俱進的。

▣ 質性跳躍

此處首先我要指出的是：對於非西方國家的知識分子而言，關於如何建構「科學微世界」的科學哲學，基本上是一種異質文化的產品，和他們的文化傳統之間有明顯的不連續性（黃光國，2000）。在心理學的領域裡，最早注意到這種不連續性者是俄國的維高斯基（Lev Vygotsky, 1896-1934）。1931～1932 年間，發生在俄國的布爾什維克革命（Bolshevik revolution），讓維高斯基（Vygotsky, 1978）很清楚地察覺到：學生從自己的家庭學到源自其傳統文化的一套語言工具和價值觀，當時教師在學校中強調的卻是科學和共產主義的價值觀；兩者之間存有「質性跳躍」（qualitative jumps）的不連續現象。他因此認為：社會歷史發展的過程，會造成心智不只是量的，而且是質的轉變，不只是內容，而且是形式及結構的轉變。

維高斯基及其學生的研究顯示：在蘇聯革命之後，兒童日常生活的思考發生了很明顯的知識「滲透」（diffusion of knowledge）現象，科學的概念和自發性的常識概念有兩種截然不同的來源：前者來自於黨和學校；後者則是來自於家庭環境。在老師與學生的溝通之中，這些表徵互相衝擊且互相轉化：自發性的表徵變得更為豐富和更為抽象。更清楚地說，科學並不可能消滅前科學的思想；相反的，不論是文化的或科學的表徵，常識都是將其同化的必要媒介（Luria, 1976, 1979）。

1930 年代共產革命之後，維高斯基在蘇聯學校中的教學情境所研究之問題，跟非西方國家的心理學家在發展本土心理學時所思考的問題，是十分類似的。更清楚地說，非西方國家的兒童在進入學校正式受教育之前，已經開始學習自己的本國語言，以及這些語言中所承載的文化傳統。他們進入學校之後，教師又開始教他們一套套源自於西方傳統的現代知識。他們必須用自己所熟悉的語言作為工具，將這些新的知識同化（assimilate）到既有的認知系統，或者改變自己既有的認知系統，來順化（accommodate）這些新的知識。

▣ 統一科學的哲學基礎

在科學哲學的領域裡，首先注意到兩個世界的差異，並試圖說明其哲學基礎者，是將「實證主義」科學帶上高峰的奧地利哲學家維根斯坦（L. Wittgenstein, 1889-1951）。1921 年，其前期哲學的代表作《邏輯哲學論》（*Tractatus Logico-philosophicus*）在《自然哲學年鑑》上出版；第二年，它又被翻譯成英文，獲得了學術界普遍的重視。當時的維也納，有一批傑出的學者，以石里克（M. Schlick）為首，組成了著名的「維也納學圈」（Vienna Circle），其中心思想是要從自然科學的領域中，把形而上學驅逐出去，並找學科，主要是擅長於檢驗變數間的線性關係，雖然好像很科學，其實由於在第一個方面和第三個方面都偏離了實際，最終導致研究脫離實際的情況很普遍。」

「我不能說研究的結果大多是錯誤的，但研究的結果肯定是支離破碎的。組織是複雜的，我們對管理的認識很簡單，而複雜性並不能從簡單和膚淺的認識中產生出來，也就是說，目前的研究積累並不能最終導致學科理論體系的建立。」

中國哲學和思維方式是否能夠解決章凱所說的第一個和第三個問題，我將留待本文稍後再做討論。這裡我要指出的是：章教授認為，目前做為社會科學主流的「實證研究」只能獲致「支離破碎」的研究成果，這是此次爭議之所以發生的主要原因，也是三十年前我們為什麼要在臺灣發起社會科學本土化運動的主要理由。

◻ 科學哲學的反思

我從 1980 年代開始致力於推動社會科學本土化運動，不斷反省並思考國內科學研究落後的根本原因。不久即發現：國內社會科學落後的根本原因，在於學術界對西方的科學哲學，缺乏相應的理解。

認識到這一點之後，我馬上面臨了一個新的挑戰。對於非西方國家的知識分子而言，關於如何建構「科學微世界」的科學哲學，基本上是一種異質文化的產品，和他們的文化傳統間有明顯的不連續性。西方哲學關注的焦點，在於追尋客觀的「知識」；而中國文化關注的焦點，則在於尋求德性的行動，兩者性質的不同，正如油水之不相融。非西方國家的知識分子，很難憑他們的常識來建構「科學微世界」。然而，我們該如何改變這種狀況呢？

科學哲學家拉卡拓司（Lakatos, 1978/1990）在其名著〈科學史及其合理重建〉一文的篇首寫道：「沒有科學史的科學哲學是空洞的；沒有科學哲學的科學史是盲目的。」半世紀以來，臺灣的心理學乃至於整個社會科學的發展正應驗了這句話的預言。長期盲目移植西方學術研究典範的結果，造成了科學研究的低度發展。我們沒有發展任何夠分量的科學哲學，在社會科學的各個不同領域裡，也還無法建立具有文化主體性的科學史，許多學科領域的發展只能說是「摸著石頭過河」，走一步，算一步。

在我看來，這是非西方國家科學落後的根本原因，也是社會科學本土化運動難以落實的理由所在。在像臺灣這樣的非西方國家，我們要培養出下一代的「學者」，一定要設法使我們的年輕學者對於西方科學哲學的發展，能夠獲致一種「相應的理解」，做為他以後從事學術工作的「背景視域」，能夠真正走出「典範移植」的困境。

在我看來，對於科學哲學的「相應理解」，可以說是非西方國家中的研究生進入學術這一行的必要條件，而非充分條件。更清楚地說，一個有志於以科學研究作為終身志業的研究生，了解西方科學哲學的發展，並不保證他一定能成為一個傑出的科學家；可是，如果他不了解西方科學哲學的發展，無法掌握住西方人從事科學研究的那種精神意索（ethos），他大概就很難成為一個有創造力的科學家。

▣《社會科學的理路》

基於這樣的考慮，我終於決定自己「披掛上陣」，針對國內年輕學者的需要，撰寫了一本《社會科學的理路》。多年來推廣本土心理學的經驗，使我深刻了解國內的年輕學者需要些什麼。我強烈地感受到：我們有必要從研究生的角度，有系統地介紹科學哲學，讓科學哲學的思潮真正進入中文世界，為中文世界的科學發展奠下扎實的基礎。因此，這本書分為兩大部分：前半部所討論的「科學哲學」，主要是側重於「自然科學的哲學」，尤其強調由「實證主義」到「後實證主義」的轉變；後半部則在論述「社會科學的哲學」，包括：結構主義、詮釋學和批判理論。由於包括心理學在內的許多門社會學科，都同時兼具「自然科學」和「社會科學」的雙重性格，一個年輕學者如果想要在自己的研究領域上有所創發，非得要先了解這兩種「科學」

的哲學基礎不可。

由於這本書是針對中國學者的需要所撰寫的，它的寫法跟西方一般科學哲學的教科書，也有明顯的不同。西方學術界所謂的科學哲學，通常是指「自然科學」的哲學，我治學的終極關懷，卻是要建立本土社會科學學術傳統，以整合自然及社會科學，所以必須介紹「詮釋學」和「批判理論」。「結構主義」是人類學家發明的方法，西方科學哲學的教科書幾乎不談；我的興趣在於探討文化的深層結構，所以用「結構主義」做為結合自然與社會科學的樞鈕。《社會科學的理路》一書的目次，如表 1-2 所示。

表 1-2　《社會科學的理路》一書的目次

▣ 學術錯誤的「共犯結構」

我寫這本書的基本立場，是以「後實證主義」的立場反對「實證主義」。這兩者之間的根本差異，也是此次論辯的焦點之一。由於中國學者對於科學哲學大多缺乏相應的理解，即使是資深學者也往往跟隨流俗，隨便使用西方的哲學名詞，而不求其精確。舉例言之，不久前，我收到陳曉萍、徐淑英、樊景立（2008）三位教授所主編的《組織與管理研究的實證方法》第二版，才赫然發現：這本由「北京大學出版社」出版的書，其英文題目竟然是「Empirical Methods in Organization and Management」。

從科學哲學的角度來看，「Empirical Methods」應當譯為「實徵方法」，而不是「實證方法」（Positivistic Methods）。「經驗論」（empiricism）通常又譯為「實徵主義」，是亞里斯多德（Aristole, 384-322 B.C.）所提出的哲學主張，存在西方已有兩千多年歷史。「實證主義」（positivism）則是法國社會學家孔德（August Comte, 1798-1857）於十九世紀時所提出來的一種哲學，其主張排除形上學的猜測及運用不可見的實體來解釋自然。它在知識論方面雖然採取極端「經驗論」的立場，認為人類知識應當僅限於蒐集事實，並對世界做出正確的描述，但兩者並不等同。不論是「實證主義」或「後實證主義」都主張用「實徵方法」從事研究；但「後實證主義」卻是旗幟鮮明地反對「實證主義」，兩者在本體論、知識論、方法論等各方面都完全相反。針對這個議題，呂力（2012）曾發表過一篇論文，題為〈案例研究：目的、過程、呈現與評價〉，很值得大家參考。

《組織與管理研究的實證方法》第一版的第四章〈建構中國管理學理論的機會與挑戰〉一文是我寫的（黃光國，2008），其內容就是在討論從「實證主義」到「後實證主義」的典範轉移。我沒有及時提醒主編這本書在題目上所犯的學術錯誤，讓該書第二版再犯同樣錯誤，說起來我也是造成這項錯誤之「共犯結構」的一員。因此，我覺得有必要藉這個機會，痛加反省，把問題說清楚，講明白。

▣ 邏輯實證論之死

在科學哲學發展史上，將「實證主義哲學」帶上高峰的維根斯坦和開啟「後實證主義」時代的波柏（Karl Popper, 1920/1994），曾經發生過一場著名的衝突。1947 年，波柏應劍橋大學道德科學俱樂部之邀，前往發表主題演說。當時維根斯坦聲望正隆，處事一向相當獨斷，他對該俱樂部又有極大的影響力；他預先指定題目，希望波柏從語言分析的角度，談「哲學的困惑」，但波柏不為所動，逕自另訂題目，談「哲學問題存在嗎？」，跟維根斯坦的看法大相徑庭。

當時維根斯坦極力主張：哲學的問題其實只是語言的問題而已；解決了語言的難題，哲學就沒有問題存在了。波柏則大不以為然，於會中公開表示哲學問題極多，哲學問題並非僅是語言問題，因此與維根斯坦發生了激烈的爭論，維氏後來漸趨下風。最後，火氣很大的維根斯坦，丟回火鉗，離開會場，重重地甩上門（Popper, 1976, pp. 122-123）。

那一年，波柏四十七歲，剛開始在學術界嶄露頭角。到了 1960 年代，以波柏（Popper, 1963/1986, 1972）的進化認識論為首的後實證主義，以及孔恩（Kuhn, 1969/1990）的科學革命論開始在世界學術社群中風行，邏輯實證主義變成了一種陳舊的觀點。美國約翰・霍浦金斯大學（John Hopkins University）甚至舉辦了一次研討會，主題為「邏輯實證主義的遺產」（The Legacy of Logical Positivism），正式宣布「實證主義」時代之終結（Achinstein & Baker, 1969）。波柏在其自傳中（Popper, 1976）討論「誰殺死了邏輯實證論」（Who killed Logical Positivism）時，更引述巴斯摩（John Passmore）的話：「因此，邏輯實證論死了，或者說，就像過去曾有過的哲學運動一樣地死了」（Logical Positivism, then, is dead, or as dead as a philosophical movement even becomes），並承認他自己就是劊子手。

維根斯坦本人對他自己早年提出的哲學也並非沒有反省。本文第一節提到，他在出版《邏輯哲學論》一書之後（Wittgenstein, 1922/1961），蟄居三十年，再出版《哲學探究》一書，其「序言」便公開承認：他的前期哲學犯了「嚴重的錯誤」。

為了說明由「實證主義」到「後實證主義」之間的典範轉移，在《社會科學的理路》第二版中（黃光國，2003），我特別添加了一張表，說明「邏輯實證論」和「進化認識論」和本體論、知識論和方法論上的明顯對比（如表 1-3 所示）。

表 1-3　邏輯實證論和進化認識論的對比

	邏輯實證論	進化認識論
本體論	經驗論	實在論
知識論	真理	近似真理
獲得知識的方法	歸納法	檢驗的演繹法
檢驗命題的方法	實證論	否證論
人性論	唯我論	主體我

▣ 「真理」與「近似真理」

以本文有限的篇幅，當然不可能細說這兩種哲學在各個層面上的對比。然而，我們卻可以用它來說明和此次「本土論辯」有關的兩個議題：第一，這兩種哲學典範所主張的「實在論」（realism），有何不同？第二，科學研究到底是不是在追求「真理」？

針對第一項問題，由於「實證主義」興起的目的之一，便是要將「形上學的理念」（metaphysical ideal）排除在科學領域之外，因此，邏輯實證主義在「本體論」方面，主張「經驗主義」（empiricism），認為感官能夠經驗到的事實，才是唯一的「實在」（reality）。「進化認識論」則反對這種觀點，他們認為：科學家以其想像所建構出來的理論，可能包含有許多形上學的理念，這些理念也是「實在」的（real），因此，他們在本體論上主張「科學實在論」（scientific realism）。

對於第二項問題，由於「實證主義」者在知識論方面相信：「眼見為真」，以「實徵經驗」（empirical experience）做為基礎所建構出來的理論，即為「真理」。但「進化認識論」卻認為：科學家憑其想像建構出來的理論，只是「接近真理」而已，並不等於「真理」，所以科學研究永遠有可以進步的空間。

▣ 典範移植的困境

這兩種不同的「真理」觀，對非西方國家的科學研究有十分重要的意涵。對於在非西方國家教育體系中成長的學者而言，西方哲學中的許多概念，都是一種異質文化的產品。他們在受教育的過程中，對於這些概念如果沒有系統性的認識，他們在閱讀西文書籍的時候，看到諸如此類的相關字眼，也可能會去查閱字典。但遺憾的是：大多數人對這些概念，通常也僅止於「字典式的理解」或「望文生義式的理解」。

由於對科學的哲學只有「字典式的理解」或「望文生義式的理解」，大多數非西方國家的學者又抱著「素樸實證主義」的科學觀，以為西方理論代表了「真理」，他們在從事研究工作的時候，大多是套用西方的研究典範，「依樣畫葫蘆」地刻意模仿。這種只講究「方法」而不注重「方法論」哲學的研究方式，卻很可能使他們的研究工作喪失掉原創性，他們據此而寫成的論文，也很可能因此而呈現出「後續增補」（follow up）的性格，陷入「典範移植」的困境。

在我看來，這是非西方國家科學落後的根本原因，也是社會科學本土化運動難以落實的理由所在。章凱在質疑李平對「陰／陽」思維的主張時，說明他堅持「科學路徑」的理由，包括下列兩項：

第一，西方管理科學研究為什麼會出現今天這個理論停滯不前的局面？為什麼最近十多年來，有那麼多中國學者在追隨和效仿美國的管理研究實證範式？無論是制度因素還是學術組織和個人推動，最重要的合法性基礎，就是認為這樣做是符合科學要求的。即使是語言學、歷史學研究都在出現科學化的趨勢。科學的魅力在心理學、管理學界遠遠大於藝術。如果放棄科學，您的市場還有多大？

第二，我的一個重要觀點是當前支撐美國管理學研究的主流科學觀是落伍的，是不符合當今科學潮流的。我沒有說過也不認為科學就是真理，但科學研究應該不斷地追求真理、趨近真理；科學研究是一個追求真理的過程，而且這個過程應該是不斷自我調整、自我矯正的。目前主流的管理研究範式已經失去了自我調整、自我矯正的能力。

▣ 科學哲學的相應理解

章凱所批評的「美國管理實證範式」，就是以「邏輯實證主義」或「素樸實證主義」為基礎所做的實徵研究。他所說的「不斷地追求真理、趨近真理的科學研究」，在我看來，就是以「後實證主義」的科學哲學做為基礎的研究。值得強調的是：社會科學的哲學並不僅有這兩大典範。要建構「含攝文化的理論」，還必須運用到結構主義、詮釋學、批判理論等其他典範。因此，我一向主張：在像中國這樣的非西方國家，我們今天要談「學者養成」，一定要設法使我們的年輕學者對於西方科學哲學的發展，能夠獲致一種「相應的理解」，以做為其以後從事學術工作的「背景視域」，並能夠真正走出「典範移植」的困境。

對於科學哲學的「相應理解」，可以說是非西方國家中的研究生進入學術這一行的必要條件，而非充分條件。更清楚地說，一個有志於以科學研究作為終身志業的研究生，了解西方科學哲學的發展，並不保證他一定能成為一個傑出的科學家；可是，如果他不了解西方科學哲學的發展，無法掌握住西方人從事科學研究的那種精神意索（ethos），他大概就很難成為一個有創造力的科學家。

正是因為對於主流的「實證研究」範式感到不滿，參與此次辯論的學者都在各自的領域內尋求解決問題的方法。目前擔任「亞洲社會心理學會」會長的劉豁夫（James Liu）正在撰寫《全球意識的誕生：五百年的世界塑造史》（*Birth of Global Consciousness: A History of 500 Years of World Making*）一書。陳明哲在從事「王道管理」的理論建構。Robert Chia 建議：我們應當像物理學家普里高津（Prigogine）的著作《確定性的終結》（*The End of Certainty*, 1997）或海森堡（Heisenberg）提出「測不準定律」（uncertainty principle）那樣，提出非線性的科學。章凱認為：「西方興起的複雜性理論（例如：耗散結構論、協同學、複雜適應系統理論等）已經很好地融合了易經的動力學思想。」目前他正在「致力於運用自組織理論，研究人的行為規律與領導的關係」。

⊡ 走出管理學的「叢林」？

但也有人對這樣的建議有不同意見。武漢工程大學管理學院副院長呂力指出，他的著作《管理科學化的爭論、困境與出路：基於錢學森「技術科學觀」的思考》一書，便曾經質疑所謂的「複雜性」：

> 「首先是『複雜性』的概念沒有統一、明確的定義。如果認為簡單性就是有序性、確定性，而複雜性就是無序性、不確定性，那麼這種與簡單性完全對立的複雜性，實際上透過如此的定義，反而變成了『簡單性』——如果如此複雜的現象可以用『非線性』、『混沌』等有限的概念來描述，那麼所謂『複雜性』的概念還有什麼意義呢？因此，對複雜性進行還原式定義是不可能的，因為還原式的定義本身包含著如下觀點，即多麼複雜的問題都可以還原為簡單的問題，看來複雜的事物中隱含著決定其運行的簡單規律，這樣的定義無異於『自身取消了自身』——定義中的複雜性實際上是對暫時沒有認識清楚問題的命名，是披著『複雜性外衣』的『簡單性』。然而，在複雜性科學中，複雜性是做為困難，做為不肯定出現，而不是做為明確性和做為答案出現的。」

因此，他擔心：所謂「複雜性科學」對於管理學研究而言，不僅不可能將管理學帶出「叢林化」狀態，開闢出一條科學化發展的大道，反而會使管理學「陷入更茂密的叢林」之中。

參、「陰／陽」思維的「宇宙論」

對於李平竭力提倡的「陰／陽」思維理論，章凱也很坦率地表達他的看法：

> 「作為一個學術共同體，科學觀的影響是繞不開的，可以說是本土研究合法性的基礎。大家知道，無論在西方還是中國，管理研究都已經納入科學研究的範疇。論文是否符合科學規範已經成為能否發表的最重要的判據之一。」
> 「您運用陰陽理論等中國智慧開發新的管理研究模式，於是您有二種選擇：其一，可以通過開發新的方法（例如：您提倡的案例研究的陰陽方法），探討本土化的管理研究與理論，這仍然可能納入科學範疇；其二，是聲明管理研究不能是科學研究，管理學只能或主要是通過非科學的路徑（仍然可以是您宣導的陰陽方法等）來發展。結果是什麼？我猜想，在現有的科學觀影響下，第一種選擇，舉步維艱；第二種選擇，成為孤家寡人。」

李平也承認：他的研究成果，德國人的反應較為熱烈，美國學術界則是「反應冷淡」。為什麼呢？

◘「陰／陽」與《易經》

在我看來，這個問題的癥結，在於德國學術界有討論「存在」、「存在物」等本體論問題的悠久學術傳統；而美、英學術界卻一向只注重「實徵研究」（empirical research）。舉例來說，在這次辯論過程中，在海外成長，目前任教於新加坡的 Robert Chia 試圖用詹姆士（W. James）和懷德海（A. N. Whitehead）等人的西方哲學，來解釋老子的「名可名，非常名」。在丹麥哥本哈根大學管理學院任教的李鑫指出：老子所說的「道可道，非常道；名可名，非常名」，讓他想起了海德格的哲學。海德格批判西方形上學（或本體論）的歷史，都在探討什麼是「存在物」（beings），卻忘了探究什麼是「存在」（being）？他引用中國哲學家俞宣孟（2005）在其所著《本體論研究》一書中的論點，認為：西方哲學對於「存在」的研究，構成其「本體論」（ontology）；這是西方哲學的獨到之處。傳統中國哲學並不以「being」（「存在」或「是」）作為分析單位，也沒有這樣的哲學範疇。

▣「宇宙論」

在中國哲學裡，最基本的單位是「陰／陽」，每一件東西都是由「陰」和「陽」兩種對反的力量所構成。有些人因此認為：老子所說的「道生一，一生二，二生三，三生萬物」是中國文化中的「本體論」，但其實不然。俞宣孟指出：這段引文中的「生」字，說明了它是在談宇宙生成原理的「宇宙論」（cosmology），而不是本體論。

李平從本體論、知識論、方法論等三方面來比較中、西哲學，他認為：中國哲學的智慧在於「知識的創造」（knowledge creation），西洋哲學則在於「知識的檢驗」（knowledge verification）。李鑫卻認為：西洋哲學中有本體論、知識論和方法論，但中國哲學的系統卻完全不同，而應當稱之為「道理論」、「體悟論」和「方法論」。前者在於追求知識的「真理」，後者則在於追求內心的和諧。

李平主張：「悟」是一種「創造性想像」的「方法論」。李鑫卻認為：對於想像力、創造力、比喻、隱喻，西方人都已經檢視過並曾經加以理論化，儘管做得並不完美。中國哲學的真正價值並不在於「陰／陽」，而是在於其追求「天人和諧」或成就「內聖外王」的「道理論、體悟論和方法論」。

整體而言，我比較同意李鑫的看法。然而，他所說的三論，還可以再做進一步的分疏：在道家可稱為「宇宙論、知識論和方法論」；在儒家則宜稱為「本體論、良知論和功夫論」。所謂「內聖外王」、「天人和諧」、「己立立人、己達達人」其實是儒家追求的目標，不是道家。關於這一點，目前我正在撰寫《盡己與天良：破解韋伯的迷陣》一書，在此暫且不表。這裡要強調的是：道家確實曾經藉由其「宇宙論、知識論和方法論」，而發展出中國的科學。

▣ 中國的科學

在這次的本土心理學之網站論辯中，李平教授所提出的「陰／陽」思維，可以說是中國人在其生活世界中所玩的一種語言遊戲，它是中國文化中最重要的「根源性隱喻」（root metaphor），由此衍生出來的「天／地」、「男／女」、「日／月」等概念，有其「家族相似性」，它們代表了傳統中國人的「生活形式」，其文化根源則可以追溯到《易經》。

正因為「陰／陽」在本質上是一種「根源性隱喻」，是華人在其生活世界中常玩的一種「語言遊戲」，具有多重意義；而現代「科學微世界」的建構卻有十分嚴格的要求（見本文第一節「科學微世界」和「生活世界」的區分）：在「科學微世界」裡，每一個關鍵裡的名詞都必須要有嚴謹的定義；但「隱喻」（metaphor）卻是一種「前現代的語言」（pre-modern language），在現代的科學理論或「科學微世界」裡，是不可能使用「隱喻」的。

然而，說現代「科學微世界」的建構，不可能使用「隱喻」，並非意指：以「陰／陽」概念為基礎，發展不出科學。在中國長久的歷史裡，中國人事實上已經發展出另外一種型態的科學，這是和西方「現代科學」完全不同性質的一種「科學」，也是西方人難以理解的一種「科學」。

肆、「悟」與「道」

春秋戰國時代，《易經》的重要發展，是老子及孔子門人分別注釋《易經》，前者使《易經》成為中國人認識世界的方法，後者則使《易經》變成儒家修養的經典。目前我正在撰寫一本書，題為《盡己與天良：破解韋伯的迷陣》，對這兩者均有清楚的闡述。跟這次論辯中較有關係的是老子對《易經》的解釋，也就是李平教授所謂「悟」的議題。

不論是發展形式邏輯，或是從事科學實驗，都必須先預設主、客的對立。更清楚地說，做為研究主體之研究者必須和其所要研究的客體站在對立的立場，才能從眾多的個體之中抽象出一般的形式原則，也才能夠從事科學實驗。然而，這並不是道家的立場。

道法自然

在老子的思想體系裡，「道」超越了時間和空間的限制，「未有天地，自古以固存」；同時又超越了任何有形的個體，「自本自根」；「道」創生了萬物，而又周流於宇宙萬物之中，是「萬物之所繫，一化之所待」，「神托於秋毫之末，而大宇宙之總」，宇宙中萬物的存在和流變，莫不各有其「道」：

> 「夫道者，覆天載地。……山以之高，淵以之生，獸以之走，鳥以之飛。日月以之明，星曆以之行。麟以之遊，鳳以之翔。」
> 「神托於秋毫之末，而大宇宙之總。」
> 「節四時而調五行。」
> 「夫太上之道，生萬物而不有，成化象而弗宰。」《原道訓》

這種「生萬物而不有，成化象而弗宰」的「太上之道」，是一種沒有意志，沒有目的的自然力，是「自己而然」，沒有任何外力可以使之然；其生化萬物的原理亦是自然無為，所以老子說：

「道法自然。」（《道德經》第二十五章）
「輔萬物之自然，而不敢為。」（《道德經》第六十四章）

▣ 道與語言

用西方哲學的概念來說，這種「萬物恃之以生」的「道」，是「超越的」（transcendent），所以它也是無法用語言文字或感覺器官來加以描述的。在《道德經》第一章中，老子便開宗明義的指出：「道可道，非常道；名可名，非常名。」見諸於語言文字的「道」，便已經不是「道」的本來面貌。莊子非常清楚地闡明了道家的這種立場：

「道不可聞，聞而非也；道不可見，見而非也；道不可言，言而非也；知形形之不形乎？道不當名。」《知北遊》

在這次論辯中，李平教授提到莊子說過一則寓言，可以用來說明「道」和「語言」之間的關係：

「南海之帝為倏，北海之帝為忽，中央之帝為渾沌。倏與忽時相與遇於渾沌之地，渾沌待之甚善。倏與忽謀報渾沌之德，曰：『人皆有七竅，以視聽食息，此獨無有，嘗試鑿之。』日鑿一竅，七日而渾沌死。」《應帝王》

「倏」是倏然以明，可以用太極圖的「陽」來代表；「忽」是忽然之暗，可用太極圖的「陰」來代表。明與暗，或陰與陽，都是緣於渾沌，而又依於渾沌，似明非明，似暗非暗，是「陰」、「陽」二者的辯證性統一。人類若是企圖用感覺器官或語言文字來理解「道」，就等於是在替「渾沌」開竅，七竅開盡，「渾沌」亦不得不死。

◘「冥思」與「悟道」

「道」既然無法用語言文字來加以表述，然而，人如何能夠「知」「道」呢？老子提出的方法是用「冥思」（meditation）來體悟「道」：

> 「道之為物，惟恍惟惚。惚兮恍兮，其中有象；恍兮惚兮，其中有物；窈兮冥兮，其中有精；其精甚真，其中有信。」「自今及古，其名不去，以閱眾甫。」（《道德經》第二十一章）
>
> 「視之不見，名曰夷；聽之不聞，名曰希；搏之不得，名曰微；此三者，不可致詰，故混而為一。」「執古之道，以禦今之有，能知古始，是謂道紀。」（《道德經》第十四章）

「形之可見者，成物；氣之可見者，成象」《吳澄．道德真經注》，「物」與「象」都是可以由感官感知的形而下之存在。「精」是指精神，或事物內在的生命力；「信」是指信實、靈驗（成複旺，1992，頁69），是由「周行而不殆」的「道」所透露出來的資訊，這兩者都是感覺器官無法感知到的形而上之存在。形而上的「道」，必須藉由形而下的「象」或「物」，才能呈現出其「精」或「信」；可是，倘若我們企圖用感覺器官來理解「道」，我們一方面會覺得它是「視之不見」、「聽之不聞」、「搏之不得」，另一方面又會覺得它並不是全然的空無，而具有「夷」、「希」、「微」的窈冥性格。

陳明哲教授也提到莊子和淮南子的類似見解：

> 「朝徹，而後能見獨；見獨，而後能無古今；無古今，而後能入於

不死不生。」《莊子・大宗師》

「冥冥之中，獨見曉焉。寂漠之中，獨有照焉。」《淮南子・俶真訓》

莊子所謂「見獨」而入於「不死不生」，淮南子所說的「冥冥之中」「獨」能「見曉」，都是在追求這種「悟道」的境界。

伍、「沉思」與「冥思」

乍看之下，道家追求「恍惚」、「窈冥」狀態的「冥思」（meditating），跟古希臘人在theoria的宗教儀式中所做的「沉思」（contemplation），似乎非常相似。仔細加以比較，兩者之間又有其根本的不同。theoria 是名詞，就其字面意義而言，可以說是一種「理論心態」（theoretical attitude）。它原先是希臘人的一種宗教儀式，在儀式中，個人必須屏除現實生活中各種實用性的關懷，而對世界中之物件採取一種超然的態度，試圖穿透變動不居的表象世界，找出其背後永恆不變的真理，引導人類發展出真實而完滿的存在。古希臘人在theoria的宗教儀式中做「沉思」，是希望在變動不居（becoming）的現象背後，找出不變的「存在」（being）；但道家「冥思」的目的並不在於此。

▣ 超然的觀察者

theoria 本身就是終極目的，它不像倫理學或政治學等實踐學，其目的在於引導行動；也不像實用科學，其目的在於生產實用物品。在這種情境下，人成為一個超然的觀察者（a detached spectator），純粹只是為了探究萬物之理，而不是為了想要改變它們。以這種方式所獲得有關理型世界的知識，希臘哲學家稱之為「理論」（theory）或「科學」（science, logo），有別於僅具有相對性的主觀意見（doxa）。

對亞里斯多德而言，在沉思（theoria）中發揮理論智慧（theoretical wisdom）是最契合智性德行（intellectual virtue）的活動。理論智慧最重要的特質就是無所為而為（for its own sake），它沒有目的、非功利性、是一種純粹自發而不具實用價值的心靈活動；它是終極性的，從事沉思本身就是目的，獲得真理並不是它的目的。

完全投入於沉思，可以使人達到忘我的境界，而成為「超然的觀察者」。唯有如此才能充分發揮人類最高的天賦，真切地領略生命之美與宇宙萬物之理。因此，亞里斯多德（Aristotle, 1962）在《尼可馬科倫理學》（*Nicomachean Ethics*）一書中，很明確地表示：「圓滿的幸福存在於某種沉思活動之中。」這種 theoria 的沉思活動，和東方文化傳統中的冥思（meditation），是完全不同的。

◘ 邏輯和實驗

古希臘哲學所注重的是「個別」與「一般」之間的關係。希臘哲學家關於「個別」與「一般」之關係的討論，後來發展成為形式邏輯。這種思維方式傳到西方基督教世界之後，又跟他們對於「三位一體」的思辨結合在一起，而埋下了「理性主義」的種子。歐洲文藝復興運動發生之後，發展出以科學實驗來確定因果關係的方法。近代歐洲的自然科學和技術，便是以形式邏輯系統和實驗方法等兩者為基礎發展出來的。

◘「四大」與「常道」

對於老子而言，處於「無狀之狀、無物之象」之「恍惚」狀態中的「道」，本身雖然不可知，而無法用語言來加以描述；可是「道」之所寄託的「物」，卻是可知而且可以用語言文字來加以描述的。所以《道德經》第一章在講完「道可道，非常道；名可名，非常名」之後，馬上緊接著強調「無名，天地之始；有名，萬物之母」。在老子看來，人有完全的能力，可以了解「道」在萬「物」之上的運作：

「大曰逝，逝曰遠，遠曰反。故道大，天大，地大，人亦大，域中有四大，而人居其一焉。」（《道德經》第二十五章）

「大曰逝，逝曰遠，遠曰反」，是指「道」在某一特定事物上的運行規律。「道大，天大，地大，人亦大」，可以解釋為：人類個體的發展具體而微地重現了物種發展的歷程，「人心的條理和自然的條理有某種合轍之處」，因此，透過適當的途徑，人心便能夠了解大自然中萬物運行之規律（劉述先，1989/1992，頁 98）。

然而，「域中四大」之一的「人」，應當如何了解萬物運作之律則呢？道家最關心的問題是：自然狀態下的「物」，在時間向度上所展現出來的「道」：

「萬物莫不尊道而貴德，道之尊，德之貴，夫莫之命而常自然。」（《道德經》第五十一章）

◘「道法自然」與「觀復」

「常自然」便是不受外力干擾而在自然狀態下所展現出來的「常道」。然則，人應當如何理解萬物之「常道」呢？

「人法地，地法天，天法道，道法自然。」（《道德經》第二十五章）

「致虛極，守靜篤。萬物並作，吾以觀復。夫物芸芸，各復歸其根。歸根曰靜，靜曰復命，復命曰常，知常曰明。不知常，妄作凶。」（《道德經》第十六章）

老子主張用「致虛極，守靜篤」的「天人合一」方法，就事物本來的自然樣態來看待事物。用老子的話來說，這就是「人法地，地法天，天法道，道法自然」，或者是「以身觀身，以家觀家，以鄉觀鄉，以天下觀天下」，處身於事物的自然狀態之中，以主客不分的方式，用心靈去親身感受；而不是像希臘人那樣，站在事物之外，以主、客對立的方式，用感官去觀察，用智慮去思考。「萬物並作，吾以觀復」，用這樣的方式體察事物在時間向度上的變化，便可以看到「夫物芸芸，各復歸其根」。每一件事物，經過一定時間的變化之後，最後總是會回復到它原始的狀態。這種過程，老子稱之為「歸根」、「復命」。這種事物變化的律則是永恆不變的，掌握住這樣的律則，則人能「執古之道，以御今之有，能知古始」，所以說：「自古及今，其名不去，以閱眾甫」。

▣ 有機論的科學

由於「陰／陽」的思維本質上是一種「隱喻」，李鑫指出：「道」無法用語言和邏輯來描述，而必須用「心」來「悟」或「體悟」。中國不同派別的哲學，大多是用「冥思靜坐」（meditation）的方式，來達到「悟」的最高境界，包括：道家的「道」，儒家的「理」，或佛教的「空」，譬如：莊子所說的「顏回坐忘」，老子所說的「致虛極，守靜篤」，或惠能所說的「不立文字，不假語言」，都只能用「隱喻」的創造性想像（creative imagination）來加以描述。然而，馮友蘭認為：這樣的「為學之方」，主要目的不在於找尋知識，而在於自我修養；不在於尋求「真」，而在於尋求「善」。

以道家「觀復」的哲學做為基礎，用「主／客」不分的方式，體會自然界中每一事物的變化，不是不能發展科學，而是已經發展出另一種型態的「科學」。這種以事物原始之樣態，利用厚生所發展出來的「科學」，可以說是一種「有機論」的科學，它和西方人從「質料」中抽象出「形式」，並以邏輯推理做為基礎的「機械論」科學，有其本質上的不同，其生產效率也不可同日而語。

清朝末年，一連串的重大挫敗使得中國人喪失了民族自信心，以為中國傳統文化裡，根本沒有「科學」，到了五四時代，發起新文化運動的知識分子更相信：唯有「民主」和「科學」這兩尊「洋菩薩」才能救中國，由此而產生出「科學主義」和「反傳統主義」，至今猶難以自拔。

⊡ 中國科學文明史

英國人李約瑟博士（Joseph Needham）所著的《中國科學文明史》一書，自 1954 年出版之後，才改變了世人的看法。在這部巨著中，李約瑟根據非常詳實的史料指出：直到十五、十六世紀之前，中國的科學一直比西方發達，世界上許多重大的關鍵性發明，都是由中國人所完成的，而且這些發明在傳入歐洲之前，早已在中國使用了幾百年。令人感到奇怪的是：這些發明傳入歐洲之後，立即對歐洲社會造成重大影響，但它們對中國社會的結構影響卻甚為微小。比方說，中國人在魏晉時期發明的「護肩挽馬法」，在西元十世紀傳到歐洲，使得交通運輸大為便利，農村式商業因之興盛，並促進中世紀以後的都市發展。中國人在秦漢時代發明了羅盤和船的尾舵，中世紀傳入歐洲之後，使其航海事業大為發達，不僅能夠環航非洲，而且還發現了新大陸。唐代發明的火藥，十四世紀傳入歐洲，轟平了許多王國的碉堡，並促成了歐洲的貴族封建政治。宋代發明的印刷術傳到歐洲之後，更有助於歐洲文藝復興運動的發生。除此之外，中國人在醫學、天文學、機械學、動力學方面，都有十分輝煌的建樹（Needham, 1969/1978）。然則，這種「有機論」的科學，跟西方人以「主／客」對立的方式建構科學微世界，所發展出來的「機械論」之科學，在本質上有何不同？

陸、多重哲學典範的研究取向

李約瑟認為：十六、十七世紀時，歐洲人最大的突破，是將數學和邏輯方法應用在自然科學之上。換言之，文藝復興時期最偉大的發明，便是發現了發明的方法（Needham, 1970/1978）。這一點，確實是中、西近代文化發展的一個重大分歧點。在前文中，我一再強調：從希臘時期開始，西方人便非常重視「個別」和「一般」之間的關係。他們千方百計地要從眾多的「質料」中抽象出「形式」，並且採用「存有」與「時間」二分的方法，認為必須將會隨時間而改變的「意見」（doxa）去除掉之後，留下來的「邏各斯」（Logos），才能夠做為建構理論的材料。以這種思維方式做為基礎，他們發展出邏輯及數學，後來並和實驗方法結合，成為近代科學發展的兩大支柱。

邏輯和實驗確實是「實證主義研究」的主要方法。然而，西方學者們對於「發明的方法」所做的反思，並非僅止於此而已。他們不斷地探索相關問題，已經形成了「科學哲學」的學術傳統，亦即本文所強調的建構「科學微世界」的方法。

▣《儒家關係主義》

今天我們要想建立自主性的本土社會科學，一定要針對我們在從事研究工作時所遭遇的難題，運用不同的科學哲學典範，逐一予以解決，這就是我所謂的「多重哲學的研究取向」。

中國人是非常講究實用的民族。《社會科學的理路》一書出版之後，大家最關注的問題是：它對本土社會科學的發展有什麼用？從 2000 年起，我被委任為「華人本土心理學研究追求卓越計畫」的主持人，基於這樣的認識，在執行卓越計畫的八年期間，我不斷殫精竭慮，一面思考跟心理學本土化有關的各項問題，一面從事研究，撰寫論文，在國內、外學術期刊上發表。該項計畫於 2008 年初結束之後，我又以將近一年的時間，整合相關的研究成果，撰成《儒家關係主義：哲學反思、理論建構與實徵研究》一書（黃光國，2009）。

這本書是以「後實證主義」的科學哲學做為基礎，強調：本土心理學的知識論目標，是要建立由一系列理論所構成的科學微世界，既能代表人類共有的心智，又能反映文化特有的心態。基於這樣的前提，我一面說明如何建構〈人情與面子〉的理論模型，並以之做為架構，分析儒家思想的內在結構，再對以往有關華人道德思維的研究後設理論加以分析，然後從倫理學的觀點，判定儒家倫理的屬性，接著以「關係主義」的預設為前提，建構出一系列微型理論，說明儒家社會中的社會交換、臉面概念、成就動機、組織行為、衝突策略，並用以整合相關的實徵研究。從科學哲學的角度來看，如此建構出來的一系列理論，構成了「儒家關係主義」的「科學研究綱領」（scientific research programme）（Lakatos, 1978/1990）或研究傳統（Laudan, 1977/1992）。

這本書的獨特之處，在於用西方的科學哲學做為基礎，建構一系列「儒家關係主義」的理論，做為實徵研究的指引。所以副標題為「哲學反思、理論建構與實徵研究」。由於我相信：這本書可以做為非西方國家發展本土心理學的典範，因而又花了兩年時間，把它翻成英文，並在出版商的建議下，改以 *Foundations of Chinese Psychology: Confucian Social Relations* 的新標題出版（Hwang, 2012）。

回 反抗與宰制

當建立在「個人主義」預設之上的西方主流心理學輸出到非西方國家之後，許多非西方國家的學者與實務工作者會很快地發現，進口的西方心理學理論對於了解自己的同胞，是不相干、不相容或不適合的；由西方主流心理學所產生的知識根本無法解決日常生活所遭遇的問題。從 1990 年代開始，有些非西方國家的心理學者決定發展本土心理學，藉此反抗西方心理學的宰制。

瑞典倫德大學的教授奧伍德（Carl M. Allwood）和貝瑞（John Berry）在做過世界各地本土心理學運動的大規模國際調查後（Allwood & Berry, 2006），奧伍德（Allwood, 2011）又寫了一篇論文，題為〈論本土心理學的基礎〉，刊登在一本名為《社會知識學》（*Social Epistemology*）的國際學術期刊之上。論文指出：「在（以英文發表的）本土心理學研究文獻中，文化通常都被界定為一種抽象而且有限的整體（delimited entity），它存在於群體的層次，是『社會成員所共有的』。」

他提出本土心理學的三個特定例子，批評這種文化的觀念是「相當老式的」（somewhat old-fashioned），它「受到早期社會人類學著作的影響」，他們通常認為特定的文化是「特定社會或群體」的圖像，這種觀點太過於「本質化」（essentialized）或「物化」（reified），假設社會中的文化是一種獨立而且相對穩定的存在，「飄浮在」社會其他的物質及社會系統之上。

▣ 成就或錯誤？

我看到這篇論文之後，寫了一篇回應文章，題為〈本土心理學中的文化物化：成就或錯誤？〉（Hwang, 2011），文中很直率地指出：奧伍德（Allwood）教授的說法，代表了西方主流心理學界「文化虛無主義者」（cultural nihilist）的標準論點。他既不知道本土心理學者所面對的問題，也不了解他們解決這些問題的「理論素養」。

西方主流心理學的理論，大多建立在個人主義的預設之上，許多人卻認為：這樣的心理學理論是普世性的本土心理學之研究取向，誠然可能把文化物化。然而，西方心理學者根據其「怪異」樣本所建構出來的理論模型，難道不也是一種「物化」嗎？奧伍德自己也承認：西方主流的心理學理論也是一種本土心理學（Allwood & Berry, 2006），為什麼把個人主義的文化「物化」，是心理學史上的重大成就；把關係主義的文化「物化」成心理學理論就是一種錯誤？

《社會知識學》期刊的執行編輯柯歷爾（James Collier）對我主張的「後實證主義」研究取向大感興趣，因此請他的兩位博士後研究生：埃文登（Martin Evenden）及杉斯叢（Gregory Sanstrom），提出了十五項與本土心理學發展有關的關鍵問題，對我進行訪談，由我逐一作答，並以〈呼喚心理學的科學革命〉為題，在該刊登出（Evenden & Sanstrom, 2011）。

以往我對「批判實在論」（Critical Realism）的哲學主張雖然略有所知，但是了解並不深入。正是因為這一次論戰，我才知道《社會知識學》是此一學派所辦的學術期刊。深入研究其哲學主張後，我才發現：他們跟我同樣的反實證主義，並提倡「後實證主義」的科學哲學，而我以「多重哲學典範」

所完成的研究工作，正可以用來說明其哲學主張。因此，我決定修改《社會科學的理路》一書（黃光國，2013），第三版增添了「批判實在論」及「多重哲學典範」兩章，介紹我所主張的研究取向。

柒、後現代的智慧

本文的對話架構（address frame）是華人社會科學的學術社群。在討論中國文化中的「天人合一」和西方文藝復興運動發生之後出現的「主／客對立」時，本文的論述焦點集中在跟中國科學有關的「道家」思想，希望藉此彰顯東西文化的對比。

儒佛之道

然而，在中華文化中，以「冥思」做為自我修養之法者，並不僅只是道家而已。東漢時期，佛教傳入中國，跟中國文化結合後所興起的禪宗，也以「禪坐」做為主要的修行方法，但其目的並不相同。舉例言之，《緇門警訓》上說：「坐禪者達佛之境也，參禪者合佛之心也，得悟者證佛之道也，說法者滿佛之願也。」

佛教「打坐參禪」所要達到的「佛之境」、「佛之心」，跟道家的「觀復」所要悟得的「道法自然」有明顯的不同。到了東晉時期，僧肇在他所著的《肇論》中說：「忘言者可與道存，虛懷者可與理通；冥心者可與真一，遺智者可與聖同。」

「道、理、真、聖」是佛教進入中國，與道家和儒家思想相互結合之後，所追求的境界，跟原始儒家的主張並不相同。《中庸》上說：「道也者，不可須臾離也，可離，非道也。是故君子戒慎乎其所不睹，恐懼乎其所不聞。莫見乎隱，莫顯乎微，故君子慎其獨也。」儒家所講的「慎獨」，是個人德性修養的工夫，旨在反思自己的人生之道。能追求個人內心世界的「內聖」，卻很難用它來建構外在知識，所以很難達到「外聖」的理想。王陽明年輕時想用儒家的「格物致知」，來認識外在世界中的事物；他以「冥思對坐」的方法「格」庭院中的竹子，「格」了七天七夜，結果是一無所獲，反倒「格」出病來。

他發現此路不通之後，一面打坐參禪，一面旁修兵法，中年在龍場悟道，提出「知行合一」之說，開創宋明儒家的「心學」派，在軍事方面也建立了極大事功。陳明哲教授提到他所說的「無聲無臭獨知時，此是乾坤萬有基」《王陽明・傳習錄》，其實已經從儒家「慎獨」的「內聖」工夫，走向「獨知」的「外王」之路。

總而言之，不論是儒家的「慎獨」、道家的「虛靜」，或是佛教的「禪悟」，都可以說是一種「前現代」的智慧，旨在用「冥思」的方法，追求「天人合一」的境界。當中國人大量吸收西方的知識，再用這種「前現代」的修養工夫，試圖解決其生活世界中的各種問題時，他的意識集中在外在事物中的問題之上，傳統的「冥思」（meditation）其實已經轉變成為「沉思」（contemplation）。

中國的社會科學家當然也可能用這樣的方法，來尋求其研究問題的解答，甚至建構其科學微世界。不過，其前提條件是他必須先對相關知識有一定的認識。如果他對某一問題一無所知，不論他怎麼「沉思」，問題的答案都不可能進入他的腦袋。

◘「新外王」之道

基於這個理由，我參與推動「社會科學本土化」運動三十年之後，最重要的主張是：非西方國家的研究生在正式從事社會科學研究之前，都必須先對科學哲學有相應的了解。這道理其實並不難懂。西方式的現代知識是建構在其哲學的基礎之上，我們到西方國家去留學，不管念的是物理、化學、心理、地理，或是政治、經濟、社會、教育，最後拿到的學位，都是哲學博士（Doctor of Philosophy, Ph.D.）。有些人可能會感到奇怪：我念的又不是哲學，為什麼給我一個「哲學博士」的頭銜？這是因為：在西方的文化傳統裡，哲學是學術之母。學院中講求的知識，都是建立在其哲學的基礎之上。一個人既然已經拿到博士學位，他們就假設你一定懂得他們的哲學，所以頒給你「哲學博士」的頭銜。

科學哲學可以說是西方文明的菁華。西方的知識菁英耗用了三、四百年的功夫，才發展出這套「發明的方法」，我們在研究生的養成教育過程中，如果能夠用半年的功夫，有系統地予以消化吸納，他們將來在做研究時，便可能以之做為「背景視域」，來尋求各項研究問題的答案，進而建構出他們自己的「科學微世界」。這時候，尋求心靈解說的「前現代」「冥思」修養，已經轉變成為「後現代」的智慧，讓他們能夠用「沉思」的工夫，解決研究上的各項難題。這可以說是儒家文化的「新外王」之道。唯有如此，我們才能走上「中華文藝復興之路」。各位方家大德不知以為然？

本文原載於：

黃光國（2013）：〈「主／客對立」與「天人合一」：管理學研究中的後現代智慧〉。《管理學報》，第 10 卷第 7 期，937-948。

參考文獻

成複旺（1992）：〈道家開闢了中國審美之路〉。《道家文化研究》，第 2 輯，頁 111-124。上海：古籍出版社。

呂力（2012）：〈案例研究：目的、過程、呈現與評價〉。《科學學與科學技術管理》，第 33 卷，第 6 期，頁 29-35。

俞宣孟（2005）：《本體論研究》。上海：上海人民出版社。

陳曉萍、徐淑英、樊景立（主編）：《組織與管理研究的實證方法》。北京：北京大學出版社。

黃光國（2000）：〈現代性的不連續假說與建構實在論：論本土心理學的哲學基礎〉。《香港社會科學學報》，第 18 期，頁 1-32。

黃光國（2001）：《社會科學的理路》。臺北：心理出版社。

黃光國（2003）：《社會科學的理路》（第二版）。臺北：心理出版社。

黃光國（2008）：〈建構中國管理學理論的機會與挑戰〉。陳曉萍、徐淑英、樊景立（主編）：《組織與管理研究的實證方法》（頁 85-103）。北京：北京大學出版社。

黃光國（2009）：《儒家關係主義：哲學反思、理論建構與實徵研究》。臺北：心理出版社。

黃光國（2013）：《社會科學的理路》（第三版）。臺北：心理出版社。

劉述先（1989/1992）：〈由天人合一新釋看人與自然之關係〉。《儒家思想與現代化》。北京：中國廣播電視出版社。

Achinstein, P., & Baker, S. F. (1969). *The legacy of logical positivism: Studies in the philosophy of science*. Baltimore, MD: The Johns Hopkins University Press.

Allwood, C. M. (2011). On the foundation of the indigenous psychologies. *Social Epistemology, 25*, 3-14.

Allwood, C. M., & Berry. J. W. (2006). Origins and development of indigenous psychologies: An international analysis. *International Journal of Psychology, 41*(4),

243-268.

Aristotle (1962). *Nicomachean ethics* (M. Ostward, Trans.). New York, NY: The Library of Liberal Art.

Evenden, M., & Sanstram, G. (2011). Interview-Calling for scientific revolution in psychology: K. K. Hwang on indigenous psychologies. *Social Epistemology, 25*(2), 153-166.

Hwang, K. K. (2011). Reification of culture in indigenous psychologies: Merit or mistake? *Social Epistemology, 25*(2), 125-131.

Hwang, K. K. (2012). *Foundations of Chinese psychology: Confucian social relations*. New York, NY: Springer.

Kuhn, T. (1969/1990). *The structure of scientific revolutions*. Chicago, IL: The University of Chicago Press. 王道還等（譯）：《科學革命的結構》。臺北：遠流出版公司。

Lakatos, I. (1978/1990). History of science and its rational reconstructions. *The methodology of scientific research programmes*. Cambridge: Cambridge University Press. 于秀英（譯）：〈科學史及其合理重建〉。《科學研究綱領方法論》（頁157-217）。臺北：結構群書店。

Laudan, L. (1977/1992). *Progress and its problems: Toward a theory of scientific growth*. London, UK: Routledge & Kegan Paul. 陳衛平（譯）：《科學的進步與問題》。臺北：桂冠圖書公司。

Luria, A. R. (1976). *Cognitive development: Its cultural and social foundations*. Cambridge, MA: Harvard University Press.

Luria, A. R. (1979). *The making a mind*. Cambridge, MA: Harvard University Press.

Needham, J. (1954-1987). *Science and civilization in China* (vol. 6). Cambridge, MA: Cambridge University Press.

Popper, K. (1963/1986). *Conjectures and refutations: The growth of scientific knowledge*. London, UK: Routledge & Kegan Paul. 傅季重、紀樹立等（譯）：《猜想與反駁：科學知識的增長》。上海：上海譯文出版社。

Popper, K. (1972). *Objective knowledge: An evolutionary approach*. UK: Oxford University Press.

Popper. K. (1976). *Unended quest: An intellectual autobiography.* Washington, DC: Fontana Press.

Prigogine, I. (1997). *The end of certainty.* New York, NY: The Free Press.

Vygotsky, L. S. (1978). *Mind in society: The development of higher psychological processes* (Knox & Carol, Trans.). Cambridge, MA: Harvard University Press.

Wittgenstein, L. (1922/1961). *Tractatus logico-philosophicus,* with an introduction by B. Russell (D. F. Pears & B. F. McGuinnies, Trans.). London, UK: Routledge & Kegan Raul. 張申府（譯）（1927，1987）：《名理論（邏輯哲學論）》。北京：北京大學出版社。陳榮波（譯）（1974）：〈邏輯哲學論叢〉。《哲學論集》（第 12 期，頁 1-70）。臺北：輔仁大學出版社。

Wittgenstein, L. (1945/1953). *Philosophical investigations* (G. E. M. Anscombe & R. Rhees, Trans.) (Introduction by G. E. M. Anscombe). Oxford, UK: Basil Blackwell. 范光棣、湯潮（譯）（1986）：《哲學探討》。臺北：水牛出版社。尚志英（譯）（1995）：《哲學研究》。臺北：桂冠圖書公司。

2. 盡己：儒家倫理療癒的理論

在探討「儒家社會中的倫理療癒」的時候（Hwang & Chang, 2009），很多人可能會覺得好奇：儒家的修養理論傳到日本之後，曾經發展出森田療法（Morita, 1998）及內觀療法（Murase & Johnson, 1974），它們傳到西方之後，又發展出「建設性生活療法」（Reynolds, 1976, 1980, 1983），為什麼它在中國本土反倒沒有發展出任何心理治療的理論或方法？

這個問題必須放置在儒家思想在中國發展的歷史脈絡中來加以理解。先秦儒家諸子發展出以「五倫」作為核心的「仁道」，漢武帝（157-87 B.C.）為了維繫「大一統」國家的格局，接受董仲舒（179-104 B.C.）的建議，「罷黜百家，獨尊儒術」，漢儒們將儒家思想神學化，建構出以「三綱」作為核心的「禮教」。到了宋明時期，儒家分為兩大派：一派是以程顥、程頤和朱熹為主的「理學」；另一派則是以陸象山和王陽明為主的「心學」。前者成為支撐「禮教」的理論基礎；後者則是接續先秦儒家的哲學思想（牟宗三，1968a，1968b，1969）。

日本人在明代學習的主要是王陽明「知行合一」的理論，而明清時代的中國，則是以科舉制度來強化朱熹對於儒家經典的詮釋。這種詮釋以及支撐他們的科舉制度，當時便已經受到黃宗羲、王船山、戴震等儒家學者的嚴厲批判。到了民國初年的五四時期，更在西方思想的衝擊之下，發展成為以「三綱革命」作為核心的「全盤反傳統主義」（Lin, 1979）；中共在大陸取得政權之後，甚至演變成激烈的「文化大革命」（Chiou, 1974; Dittmer, 1974; MacFarquhar, 1974）。

在這種動盪的局勢下，中國學者很難冷靜地反省他們的文化傳統，更難從其中發展出適用於其文化傳統的心理治療方法。經過了一段時間的承平發展，華人學者必然會反思其文化傳統在全球化時代的意義。本文的目的，便是在這樣的歷史和文化脈絡下，提出儒家倫理療癒的理論。

壹、儒家的倫理療癒

為了要建立儒家倫理療癒的理論，我刻意以「批判實在論」（Critical Realism）的科學哲學作為基礎（Bhaskar, 1975），先建構有關於「自我」及「關係」的普世性理論；然後以之作為參考架構，根據「分析二元論」（analytic dualism）的主張（Archer, 1995），將先秦儒家思想視為一種文化系統（cultural system），分析其內在結構，建立「含攝文化的理論」（culture inclusive-theories），以說明儒家的「文化形態學」（morphostasis）。再以之作為基礎，檢視儒家思想在中國不同歷史階段以及東亞不同地區的「文化衍生學」（morphogenesis）。以這樣的理論分析作為基礎，從 2011 年開始，我和夏允中副教授所領導的研究團隊，在高雄戒治所以該所長期實施的內觀靜坐作為核心，推動毒癮戒治的矯治教育計畫，之後並撰成一篇長文，題為〈儒家文化中的倫理療癒〉，以比較儒家倫理療癒和各種西方諮商輔導理論在華人社會中的適用性。在本文中，我將綜合以往針對此一議題的理論分析及實踐經驗，提出儒家倫理療癒的理論。

◘〈自我的曼陀羅模型〉

在這篇論文中，首先我要談的是普世性的〈自我的曼陀羅模型〉（黃光國，2011；Hwang, 2011）。圖 2-1 中的「自我」（self）處於兩個雙向箭頭之中心：橫向雙箭頭的一端指向「行動」（action）或「實踐」（praxis），另一端則指向「知識」（knowledge）或「智慧」（wisdom）；縱向雙箭頭向上的一端指向「人」（person），向下的一端指向「個體」（individual）。

從文化心理學的角度來看，這五個概念都有其特殊的涵義，都必須做進一步的分析：

「人」、「自我」和「個體」的區分，是人類學者哈瑞絲（Harris,

1989）所提出來的。她指出，在西方的學術傳統裡，個體、自我和人這三個概念有截然不同的意義：「個體」是一種生物學層次（biologistic）的概念，是把人（human being）當作是人類中的一個個體，和宇宙中許多有生命的個體並沒有兩樣。

「人」是一種社會學層次（sociologistic）或文化層次的概念，是把人看作是「社會中的施為者」（agent-in-society），他在社會秩序中會採取一定的立場，並策劃一系列的行動，以達成某種特定的目標。每一個文化對於個體該怎麼做才算扮演好各種不同的角色，都會做出不同的界定，並賦予一定的意義和價值，藉由各種社會化管道，傳遞給個人。

「自我」是一種心理學層次（psychologistic）的概念。在圖 2-1 的概念架構中，「自我」是經驗匯聚的中樞（locus of experience），它在各種不同

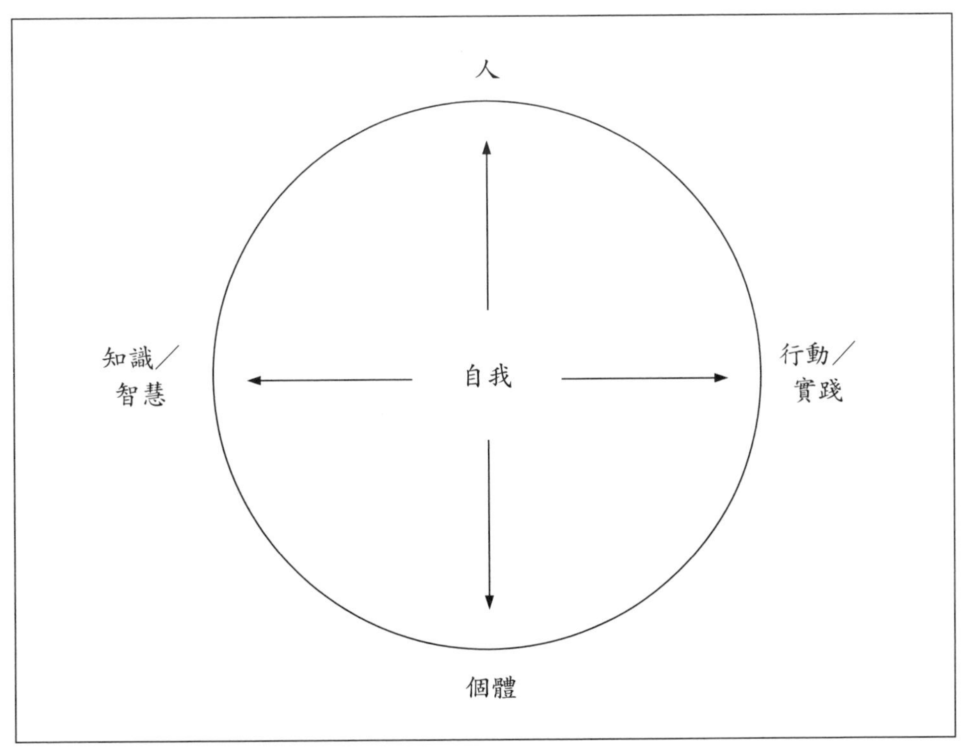

圖 2-1　〈自我的曼陀羅模型〉

的情境脈絡中，能夠做出不同的行動，並可能對自己的行動進行反思。

貳、世界取向的初級反思

在諮商或治療情境中，諮商師通常會要求案主先用體力勞動（Morita, 1998）或內觀靜坐的方法（Murase & Johnson, 1974），讓自己的情緒平定下來。儒家經典《大學》開宗明義地說：

> 「知止而後有定，定而後能靜，靜而後能安，安而後能慮，慮而後能得。」《大學・經一章》

◻ 在世存有

靜坐或勞動的時間可長可短。在案主情緒平定下來之後，他必須在諮商師的引導之下，做三種不同層次的反思。用文化心理學者埃肯斯伯格（Eckensberger, 1996, 2012）的行動理論（Action Theory）來看，這三種不同層次的反思分別為：「世界取向」（world-oriented）、「行動取向」（action-oriented），以及「主體取向」（agency-oriented）的反思。

用存在現象學（existential phenomenology）的角度來看，任何人的生命經驗都是「在世存有」（being-in-the-world），總是以某種方式與世界關聯，而不可能遺世孤立，或甚至像笛卡爾（R. Descartes）所想像的那樣與世界對立。用中國人在算命時所用的「命盤」來看，個人是在毫無選擇的情況之下，被「拋擲」到這個世界來的，當他開始有自我意識並發現自我的時候，他已經跟自己所存在的世界產生著各式各樣的關聯，而形成個人獨一無二的「命宮」，這包括心理學家所謂的「社會我」（social self），例如：我的父母、兄弟、夫（或妻）、子女等等，以及「物質我」，例如：我的健康、財帛、田宅等等（如圖 2-2 所示）。

福德	田宅	身宮	交友
父母			遷移
命宮			疾厄
兄弟	夫妻	子女	財帛

圖 2-2　「命盤」或「命格」的結構

回「本真」與「非本真」的存在

在海德格（M. Heidegger）的存在哲學裡，時間有「過去」、「現在」和「未來」等三重結構，「本真」和「非本真」的存在狀態對應於兩種不同的時間觀。每一個人都是歷史的產物，每一個人都活在他的歷史經驗之中，「過去」是培育萬物的苗圃。「誠者，天之道；誠之者，人之道」，一個活在「本真」狀態中的人，不論「過去」遭受過什麼樣的「受苦」經驗，他都能夠真誠地面對自己的生命處境，總結自己的歷史經驗，以之做為材料，在「現在」從事「籌劃」，以走向「未來」。

孟子有一段十分出名的論述表達出類似的觀點：

「故天將降大任於斯人也，必先苦其心志，勞其筋骨，餓其體膚，空乏其身，行拂亂其所為，所以動心忍性，曾益其所不能。人恆過，然後能改；困於心，衡於慮，而後作；徵於色，發於聲，而後喻。入則無法家拂士，出則無敵國外患者，國恆亡。然後知生於憂患，而死於安樂也。」《孟子・告子下》

◘ 世界取向的反思

一個存在於「本真」狀態的人，會將生命中的負面經驗當作是上天對他的考驗。他會反思自己的挫敗經驗，從中汲取教訓，以作為未來行動的指針；即使犯了過錯，也能勇於自我改正。國家跟個人一樣，受到了「敵國外患」的挑戰，必須要有「法家拂士」的輔佐，才能免於危亡。孟子因此特別強調「生於憂患，死於安樂」。

用〈自我的曼陀羅模型〉來看，個人在成長的過程中，會針對自己所處的外在世界，學到各種不同的「知識」內容，它包含邏輯性、技術性，以及工具性的認知基模（schemata）及行動能力（action competence），也包含社會行動的能力（social competence）。行動主體在其生活世界中，做「世界取向的反思」（world-oriented self-reflection）時，可以基於其個人的偏好，從其知識庫（stock of knowledge）中，選取他認為合宜的目標與方法，並付諸行動。其最後決定因素，為其「社會認知」中的「個人關懷」（personal concerns in social cognition）（Eckensberger, 2012）。

參、行動取向的次級反思

當個人在生活世界中的行動遭到阻礙或挫折時，他必然會經歷到負面情緒，並產生企圖控制外界的努力。然而，當他做「世界取向」的反思，並發現他從文化中習得的知識，不足以克服外在世界中的障礙時，他就必須進一

步作「行動取向」（action-oriented）的反思，並思考採取什麼樣的行動，可以恢復行動主體和外在世界之間的平衡。「行動取向」的反思必然是未來取向的（future-oriented），有一種基本的目的論結構（basic teleological structure），並且包含決策以及後果的評估，和可能導致正式行動的結構。

在「世界取向」的行動中，個人會以直覺對外在世界中的障礙做客觀的解釋。在「行動取向」的反思中，個人會在自己「行動的脈絡」中（action context）反思障礙的意義，並尋思用何種方式來克服障礙較為合適。這時候，行動主體會經由文化學得的某些信念、道德或法律，而成為其「規範性的認知基模」（normative schemata），以及其規約系統（regulatory system），引導其反思的方向。

不僅如此，對於障礙的不同詮釋同時也蘊涵著不同的情緒類型：他對於障礙來源的詮釋，會決定他所使用的情緒概念；他對障礙或挫折經驗的詮釋，也可能「遮蔽」住某類情緒經驗的產生。用海德格的概念來說，當個人遭遇到重大的生活障礙，並產生嚴重的情緒困擾時，他會陷入「非本真」的存在狀態，其時間觀是以「現在」作為核心：「過去」的創傷經驗留存到「現在」，自我始終未能予以妥善處理，因而他也不知道如何「籌劃」未來。

◘ 敘事諮商

案主「現在」反思自己的生命經驗，他可能會向諮商師敘說自己的生命故事，這時候，他是在做「世界取向」的反思（world-oriented self-reflection）。他跟諮商師之間的關係，很像是在敘事諮商中案主與諮商師之間的關係（White & Epston, 1990）。然而，儒家的倫理療癒與敘事諮商之間，又有明顯的不同。弗里德曼與柯伯斯（Freedman & Combs, 1996）認為：社會論述／權力會在無形中監控著個人的生命經驗與自我認同，經常決定並壓迫個人用何種角色和立場來述說自己的故事。許多前來諮商的當事人經常為了符合其生存社會之規則，描述的故事經常「充滿問題」，其主要故事（dominant story）的內容充斥著悲慘、痛苦的負向語言和隱喻，而形成單薄的故事，以及負向的自我認同（White & Epston, 1990）。敘事諮商工作者相信：問題故事不會是當事人的全部，亦不預設諮商應朝固定方向前進，其目標即是經由合作與對話，打開經驗的各個面向，協助當事人發現在他們生活的故事裡被忽略的情節，而重新活出他們所偏好的故事，再藉由重寫自己的生命故事，豐厚其自我理解與認識，形成正向的自我認同（Combs & Freedman, 2004; White, 2007）。

儒家的倫理療癒則不然。海德格將一個人由「非本真」狀態朝向「本真」狀態努力轉變的有機聯繫，稱為「籌劃」（project）。「籌劃」是存在與時間的結合點，它是以「未來」做為前提的一種向前運動，為了尋求「本真的」存在，一個人必須為「過去」已經發生過的事情承擔後果與責任，置身於「現在」，並為其「將來」尋求各種可能性。

◘ 儒家的核心價值

在協助案主籌劃未來的過程中，諮商師必須對文化有著高度敏感，能夠從案主的文化敘事（cultural narratives）中，看出其問題經驗的關鍵所在，並根據儒家的核心價值，協助案主籌劃出未來的行動方案。

然而，儒家的核心價值是什麼？

《論語》記載孔子跟弟子的對話，絕大多數是弟子問，由孔子回答。僅有少數幾次，是由孔子向弟子提問，而這幾次對話最能夠反映出儒家思想的核心價值，例如：

> 子曰：「參乎，吾道一以貫之。」
> 曾子曰：「唯。」
> 子出，門人問曰：「何謂也？」
> 曾子曰：「夫子之道，忠恕而已矣。」《論語・里仁》

有一次，孔子主動向曾子強調說：「吾道一以貫之。」曾子說：

「是。」孔子離開後，其他的弟子問曾子：「老師所說的『一貫之道』究竟是什麼？」曾子的回答是：「夫子之道，就是『忠』跟『恕』兩個字罷了！」

朱熹對於這兩個字的註解是：「盡己之謂忠，推己之謂恕。」「盡己」和「推己」可以說是儒家思想的核心價值。然則，在案主的主要故事中，最容易造成苦痛經驗或問題情境的文化敘事又是什麼？

◘「五倫」與「三綱」

《禮記》是漢代儒者所完成的一部作品，其中有一段文字可以說明：從先秦到漢代之後，儒家思想內部緊張性的轉變：

> 子曰：「何謂人情？喜、怒、哀、懼、愛、惡、欲，七者，弗學而能。何謂人義？父慈、子孝、兄良、弟弟、夫義、婦聽、長惠、幼順、君仁、臣忠，十者，謂之人義。講信脩睦，謂之人利。爭奪相殺，謂之人患。故聖人之所以治人七情，脩十義，講信脩睦，尚辭讓，去爭奪，舍禮何以治之？」

朱秦儒家的文化理想是：「父慈、子孝；兄友、弟恭；父義、婦聽；長惠、幼順；君仁、臣忠」，在「五倫」居上位而掌握權力的「資源支配者」，必須先實踐儒家「盡己」、「推己及人」的核心價值，才能要求居下位者盡到其「相對義務」。然而，到了漢代，儒者卻認為：「講信脩睦，尚辭讓，去爭奪，舍禮何以治之？」

> 子曰：「飲食男女，人之大欲存焉！死亡貧苦，人之大惡存焉！故欲惡者，心之大端也，人藏其心，不可測度也，美惡皆在其心，不見其色也，欲一以窮之，舍禮何以哉！」《禮記．禮運》

從「分析二元論」的角度來看，這是先秦儒家致力建構的「文化型態學」在中國歷史上的變化，是「文化系統」（cultural system）層次上的「文化衍生學」。在社會文化交互作用（socio-cultural interaction）的層次上，其實是以「五倫」作為核心的「相對倫理」和以「三綱」作為核心的「絕對倫理」共同存在於華人的生活世界裡，並隨著社會經濟條件的變化，而對華人的社會心理造成不同程度的影響。

▣「反求諸己」

在儒家社會中從事倫理療癒的諮商師，必須要有相當高的文化敏感度，了解「五倫」的「相對倫理」和「三綱」的「絕對倫理」對於華人人際關係的正、負面作用，並且掌握住先秦儒家的核心價值，要求案主根據先秦儒家「反求諸己」的精神，考量自己「置身處境」的各個不同面向（即「命盤」中的「身宮」），做「行動取向」的自我反思（action-oriented self-reflection），為自己的未來籌劃出最合宜的行動計畫：

> 子曰：「君子求諸己，小人求諸人。」《論語・衛靈公》
>
> 孟子曰：「仁者如射，射者正己而後發。發而不中，不怨勝己者，反求諸己而已矣。」《孟子・公孫丑上》
>
> 孟子曰：「愛人不親，反其仁；治人不治，反其智；禮人不答，反其敬。行有不得者，皆反求諸己；其身正，而天下歸之。詩云：『永言配命，自求多福。』」《孟子・離婁上》

▣ 推己及人

「行有不得，反求諸己」是儒家修養最基本的行為原則，也是儒家區分「君子」和「小人」的重要判準。不論是在一般的人際互動（禮人）、情感表達（愛人）、組織管理（治人），或人際競爭（射）的場合，當自己已經盡力做出合宜的行為，而沒有得到預期的效果時，都應當「反求諸己」，而不是「怨天尤人」，或「求諸人」。

例如：日本人所發展出來的「內觀」治療，要求案主在靜坐的時候，不僅只是保持情緒的穩定，而且要反思自己的生命處境，思考自己跟生活世界中每一個「關係他人」之間各種不同的關係（Murase & Johnson, 1974）。在做這一種反思的時候，他必須把握住「反求諸己」的原則，仔細思考：「面對這樣的生命處境，我應當規劃並採取什麼樣的行動？」

這時候，有些人很可能會歸罪於他人，一味指責他人的不對。輔導員或治療師必須很清楚地告訴他：指責他人是「外觀」，是在「看別人」，不是「內觀」。你可以「推己及人」，思考別人為什麼會如此做，但不能要求別人：「別人一定要如何如何。」你要做的是「反求諸己」，思考：「面對這樣的人生處境，自己將來要怎麼做？」

更清楚地說，「行有不得，反求諸己」雖然是因為自我的過去在其生活世界中的行動遭到挫折，但他對未來的籌劃卻是朝向於自我可以採取的「行動」。值得強調的是，儒家認為：個人在這種「行動取向」（action-oriented）的籌劃時，必須把握「推己及人」的原則，尤其是要對他人抱持感恩之心，例如：提倡「建設性生活」的雷諾（Reynolds, 1989, p.7）指出：「當注意力的焦點從個人的不幸移向報答他人時，許多神經質的痛苦也因為建設性的目標進入生活而消失無蹤。我未看到任何神經質的人會有感恩之心。」

肆、主體取向的三級反思

不論是諮商輔導，或是心理治療，都是由西方文化中移植進來的概念，而不是儒家文化中既有的概念。儒家文化通常將案主與諮商師之間的關係界定為「師生關係」，而不是治療師與病人之間的關係。《中庸》第一章說：「天命之謂性，率性之謂道，修道之謂教」，意思是說：上天賦予個人的各種天賦條件，就是他的「本性」。依照個人的本性發展，就是個人該走的「人生之道」。儒家教育的目的，就是要幫助個人找出其所認同的「人生之道」。

▣ 主體取向的反思

用埃肯斯伯格（Eckensberger, 1996, 2012）的「行動理論」來說，這不僅只是針對自己的置身處境在做「行動取向」的自我反思，而且是從更長遠的觀點，在做「主體取向」的自我反思。他認為：人類的最重要特徵之一，是他會進行不斷的自我反思。當「行動取向」的反思又遭遇到挫折時，他會更進一步追問：「我真正的目的是什麼？」「我個人堅持的品格與信念對我有多重要？」最後，他可能還會問：「我是誰？」「我存在的意義是什麼？」

這種第三層次的反思，埃肯斯伯格（Eckensberger, 1996, 2012）稱為「主體取向」（agency-oriented）的反思。用〈自我的曼陀羅模型〉來看，個人在進行此一層次的反思時，必然會受到其文化中「人觀」（personhood）的影響，認為符合什麼樣的角色期待，才配稱做一個「人」，從而發展出「自我認同」，並決定以什麼樣的姿態，將自我展現於外在世界之前。

▣ 優勢中心的生涯諮商

諮商師在協助案主做此種反思的時候，他的任務很像是做「優勢中心取向的生涯諮商」。所謂「優勢」（strength）是指，「能幫助讓個體對生命感到滿意、滿足、有意義感及因應生命的力量」；它跟「天賦」不同之處，在於「優勢是後天培養的，可以選擇、學習與鍛鍊」。

這個定義與孟子所主張的「盡心知性以知天」或「永言配命，自求多福」是十分相像的。在孟子的語境裡，所謂的「性」、「命」，都是指個人的「天賦」；「盡心」、「自求多福」則是全力加強自我的「優勢」，以妥善處理個人生活世界中遭逢的各項問題。

優勢中心諮商是諮商師運用個人的「優勢力量」，以促進當事人改變；目的是幫助當事人發展「優勢與正向經驗」，增強其存在能力，並能應用於未來的生活。這跟「敘事諮商」並不相同。「敘事諮商」不預設當事人敘事的內容與方向，它跟詮釋現象學一樣，不做任何的價值判斷。相較之下，「優勢中心諮商」所謂的「優勢」一詞，便已經蘊涵有價值判斷的成分，例如：彼得森與瑟里格曼（Peterson & Seligman, 2004）以智慧與知識、勇氣、人道與愛、正義、修養，以及心靈的超越等六類美德為架構，提出二十四種優勢特質，擁有「目標」則是其中之一。佛曼與亞侯拉（Furman & Ahola, 2007）提出的優勢中心生涯諮商的再團隊化（reteaming）策略，是透過人際合作方法，找到具體的生涯目標以採取行動，其步驟有描述夢想、確認目標、確認支持夥伴、描述此目標的益處、檢視已做到的部分、設想目標進程、想像挑戰、提振信心、承諾、後續追蹤、退步準備，以及與夥伴分享成功等。

乍看之下，諸如此類的優勢中心諮商方法，似乎與儒家所說的修養十分相似。然而，仔細思考優勢中心諮商所強調的「美德」及其「再團隊化」的策略，我們不難看出：這仍然是一種個人主義文化的產品，未曾考慮儒家文化的特質。用我所建構的〈自我的曼陀羅模型〉心理論來看，它仍然不是「含攝儒家文化的理論」，沒有特別考慮華人社會中各種不同「關係中的人」（person-in-relations），或者跟某一件事「有關係的人們」（persons-in-relation）如何進行社會互動。

◘ 自我的抉擇

黃創華心理師自大學時代開始，即修習過不同的禪修方法，對正念療癒（mindfulness therapy）的修習與研究，一直抱持高度的興趣。在參與此次研究計畫之初，曾經與蔡協利所長做過長談，得知蔡所長曾在綠島監獄對重刑犯推動「內觀」的處遇工作經驗，認為正念戒癮工作的關鍵在於：「讓受刑人重新得到人性尊嚴。有尊嚴的人才會自我尊重，才會提升自我，才能重新探討並找回生命的意義。」蔡所長在綠島監獄公開宣布卸除手銬腳鐐，就是要重新給受刑人自我選擇的機會，選擇要自我提升，還是自我沉淪。

在黃創華等人（2012）的研究報告〈華人本土化正念戒治團體之理念發展與成效〉中，很仔細地記錄下團體進行的過程。研究者發現：「戒治者真正缺少的是生命的意義，吸毒其實是意義的失落，靈魂的空虛所致。」對於戒治同學來說，儒家的「兼善天下」、道家的「真我」、佛家的「無我」都陳義過高，但儒釋道共通的「敦己盡分」、「反求諸己」卻是人人都懂、人人可做應做的本分事。

正式團體中的正念技巧可以歸納為「放鬆」、「定心」、「觀心」等三個層次，尤其是強調「放鬆」，成員在後續的正念練習中較有辦法契入。學會「放鬆後，不僅容易坐一、二十分鐘，甚至超過半小時，而且較能忍耐身體的病痛」。因此，他希望：修習正念到一定程度，可以忍苦、耐苦而化苦，就不再需要藥物了。「這種對身心病苦耐受能力的提升，對戒癮應具有可預期的合理效應」。

在團體進行的過程中，領導者特別運用成員能夠了解的本土語言或文化理念，以增強正念的善惡抉擇力量，反覆強調「慎獨」、「忍」、「放下」、「感恩」等基本價值觀及修養功夫；但不是用教條、訓誡的傳統方式，而是在「定靜」的正念修習後，進一步真誠正念觀照自身而能「安」、「慮」，以致於有所「得」，例如教導：

我的善念是我快樂的因，是別人快樂的緣；
我的惡念是我痛苦的因，是別人痛苦的緣。
別人的善念是他快樂的因，是我快樂的緣；
別人的惡念是他痛苦的因，是我痛苦的緣。

戒治人通常都會推諉吸毒是被壞朋友所牽引，但經過團體中反覆討論與靜坐中仔細默背思考上述的四句話，都發現很有道理，而承認自己應負的責任。雖然我們無法否認環境的影響，不過那畢竟是「緣」（輔助性條件）而非「因」（決定性條件），也發現當這樣思考時，反而會心安理得且內心平靜很多。雖然過去的惡念慣習還是會出現，但因為正念覺照，在善惡爭戰時還是會有正確的努力方向。

經由有系統的正念訓練，戒治人可以真實的面對內心的種種善惡心念，並因此選擇成為更有人性良知的人。以前覺得吸毒並沒有害人，現在從儒家人倫義理的角度來看，吸毒會害到家人，而且是害的很慘，因此良知發現，才會真正「不要走壞路」，要走「人生正路」。因此，吸毒不只是理性抉擇的問題，「人性價值」淪亡後導致於意義的喪失，才是吸毒的核心問題。一般認為的同儕誘惑、社經地位弱勢等外在因素，只是「外緣」而已，絕非「主因」。因此，唯有恢復傳統價值以發揚良知，走回人生正途，才可能真正戒毒。

本文將收錄於：

Hwang, K. K. (in press). Self-exertion: Confucian theory of ethical healing. In R. Moodley, T. Lo, N. Zhu & M. Ishii (Eds.), *Asian healing traditions implications for health and mental health*. New York, NY: Sage.

參考文獻

牟宗三（1968a）：《心體與性體（一）》。臺北：正中書局。

牟宗三（1968b）：《心體與性體（二）》。臺北：正中書局。

牟宗三（1969）：《心體與性體（三）》。臺北：正中書局。

黃光國（2011）：〈自我的曼陀羅模型〉。《心理學的科學革命方案》（頁1-23）。臺北：心理出版社。

黃創華、黃光國、李招美、蔡協利、林正昇、盧怡君（2012）。〈華人本土化正念戒治團體之理念發展與成效〉。法務部矯正署高雄戒治所研究計畫。

Archer, M. S. (1995). *Realist social theory: The morphogenetic approach*. Cambridge, MA: Cambridge University Press.

Bhaskar, R. (1975). *A realist theory of science* (1st edition). Leeds: Books. (2nd edition with new Postscript, Hassocks Sussex: Harvester Press, 1978; Reprinted as Verso Classic, 1997)

Chiou, C. (1974). *Maoism in action: The cultural revolution.* New York, NY: Crane Russak, University of Queensland.

Combs, G., & Freedman, J. (2004). A poststructuralist approach to narrative work. In L. E. Angus & J. McLeod (Eds.), *The handbook of narrative and psychotherapy* (pp. 137-155). London, UK: Sage.

Dittmer, L. (1974). *Liu Shao-Ch'i and the Chinese cultural revolution: The politics of mass criticism.* Berkeley, CA: University of California.

Eckensberger, L. H. (1996). Agency, action and culture: Three basic concepts for cross-cultural psychology. In J. Pandey, D. Sinha & D. P. S. Bhawuk (Eds.), *Asian contributions to cross-cultural psychology* (pp. 72-102). New Delhi, India: Sage.

Eckensberger, L. H. (2012). Culture-inclusive action theory: Action theory in dialectics and dialectics in action theory. In J. Valsiner (Ed.), *Oxford handbook of culture and psychology*. Oxford, UK: Oxford University Press.

Freedman, J., & Combs, G. (1996). *Narrative therapy: The social construction of preferred realities*. New York, NY: W. W. Norton.

Furman, B., & Ahola, T. (2007). *Change through cooperation: Handbook of reteaming.* Helsinki, Finland: Helsinki Brief Therapy Institute.

Harris, G. G. (1989). Concepts of individual, self, and person in description and analysis. *American Anthropologist, 91*, 599-612.

Hwang, K. K. (2011). The Mandala model of self. *Psychological Studies, 56*(4), 329-334.

Hwang, K. K., & Chang, J. (2009). Self-cultivation: Culturally sensitive psychotherapies in Confucian societies. *The Counseling Psychologist, 37*(7), 1010-1032.

Lin, Y. S. (1979). *The crisis of Chinese consciousness: Radical anti-traditionalism in the May Fourth Era.* Madison, WI: The University of Wisconsin Press.

MacFarquhar, R. (1974). *The origins of the cultural revolution.* New York, NY: Columbia University Press.

Morita, S. (1998). *Morita therapy and the true nature of anxiety-based disorder (Shinkeishitsu)* (P. LeVine, Ed., A. Kondo, Trans.). Albany, NY: State University of New York Press. (Original work published 1928)

Murase, T., & Johnson, F. (1974). Naikan, Morita, and western psychotherapy. *Archives of General Psychiatry, 31*, 121-128.

Peterson, C., & Seligman, M. E. P. (2004). *Character strengths and virtues: A handbook and classification*. Washington, DC: American Psychological Association.

Reynolds, D. K. (1976). *Morita psychotherapy.* Berkeley, CA: University of California Press.

Reynolds, D. K. (1980). *The quiet therapies*. Honolulu, HI: University of Hawaii Press.

Reynolds, D. K. (1983). *Naikan psychotherapy*. Chicago, IL: University of Chicago Press.

Reynolds, D. K. (1989). Meaningful life therapy. *Culture, Medicine, & Psychiatry, 13*, 457-463.

White, M. (2007). *Maps of narrative practices*. New York, NY: W. W. Norton.

White, M., & Epston, D. (1990). *Narrative means to therapeutic ends*. New York, NY: W. W. Norton.

3. 儒家文化中的倫理療癒

我於 1972～1976 年在夏威夷大學攻讀博士學位期間，受業於著名的文化心理學家馬瑟拉（A. J. Marsella）教授。當時他的主要研究興趣是各個不同文化之間的心理病理（psychopathology）與心理治療（psychotherapy），我因而跟隨他修了不少這方面的課。我的博士論文題目便是〈臺灣社會中的社會心理壓力、因應策略與心理病理之模式〉（Hwang, 1976）。

回臺灣後不久，我開始投入「社會科學本土化」的工作。我發現：儘管國內許多有識之士早已看出建構本土心理治療理論的重要性，但大多數心理學者，仍然有不知如何下手之嘆。舉例言之，2009 年 9 月 26 日，臺灣臨床心理學界最資深的柯永河教授退休九年後，在臺灣心理學會第 48 屆年會上，以〈我心目中的臺灣臨床心理學〉為題，發表主題演講。他對臺灣臨床心理學界的狀況做過深入的回顧之後，說道：

◙ 「全盤美化的臨床心理學」

> 「臨床心理學在臺灣發展到現在，筆者深以為最重要的是建立純屬於自己的臨床心理學理論。在臺灣自從有臨床心理學史以來，它的定義、工作人員稱謂、臨床心理師工作場所、工作方法與工具、工作理論、使用的讀物、課本，無一不是從美國移植過來的。時間已過了半個世紀，目前臺灣的臨床心理學界人士無論是學界的或是實務的，情況還是一樣；外界人士看來，臺灣臨床心理學界的人都深信不疑地對自己說：『美國臨床學者在他們本土開拓出來的這條臨床心理學路線是絕對不會有誤，它有多長，我們就走多久，而且不必要改變什麼，繼續走下去就對了！』」（柯永河，2009，頁 55）

為了做這次主題演講，柯教授特別針對二十二位臺灣臨床心理學者進行一項調查，結果發現：他們常用的理論有六種，包括認知治療（81.8%）、行為治療（77.3%）、折衷治療（45.5%）、個人中心（31.8%）、精神分析（22.7%），以及存在主義治療（22.7%），「但是那些都是舶來品，沒有一套是土產的」。因此，他認為：

> 「如果在臺灣的臨床心理學希望成為『臺灣臨床心理學』，它必須擁有一個或數個核心理論，而且那個或那些理論是臺灣特有而其他地方所沒有的，且可以和其他地方平起平坐，或甚至優於且可包容其他地方的理論在內的；不然，現在的臺灣臨床心理學，充其量，只能稱為『在臺灣』的臨床心理學，而不能被稱為真正的『臺灣臨床心理學』。」（柯永河，2009）

◘ 本土的心理治療理論

基於這樣的見解，他希望有些教師在職位升至教授之後，能夠善用退休前的剩餘教書光陰，整理或統整累積多年的諸多零散心得或資料，並從中努力尋找出一個或數個核心概念，將雜亂無章的諸多學術經驗串成系統性的知識，由此企圖建立一套「自認不錯」的理論系統，再根據此一系統反省與解釋舊有的及新增的資料，並進一步據此預測前有的理論系統所無法預測存在的新心理現象。

他說：如果沒有人肯做這樣的工作，「則可預期到往後幾年，臺灣臨床心理學界的人士還是過著『沒有靈魂』、『行屍走肉』，仍然捧著外國臨床心理學理論，而被它們牽著鼻子走，津津有味、樂在其中的治學日子」。

然而，建構本土心理治療的理論真的是如此困難嗎？2005 年，我回到夏威夷，應邀參加美國心理學大會，報告心理學本土化在臺灣的進展。當時國際知名的學刊《諮商心理學家》（*The Counseling Psychologist*）主編瑞特（R.

Wright）聽了之後大感興趣，邀請我為該刊編一期專刊，討論本土研究取向在諮商心理學的應用。我回臺灣後，即邀集臺灣師大的陳秉華教授、香港中文大學的梁湘明（Alvin Leung）、美國舊金山州立大學的關光濂（Karl Kwan）合作，編了一份題為〈華人諮商：本土及多元文化觀點〉的專刊，於2009 年蒙該刊以「重大貢獻」（major contribution）的方式出版（Hwang, 2009）。我和 Jeffrey Chang 合作的〈修養：儒家社會中的心理治療〉一文，蒙美國心理學會選為諮商心理學家更新證照的進修教材（Hwang & Chang, 2009）。

壹、心理學的科學革命方案

在 2000～2008 年間，我受命主持「華人本土心理學研究追求卓越計畫」，事後並將其研究成果綜合出版為《儒家關係主義：哲學反思、理論建構與實徵研究》（黃光國，2009；Hwang, 2012）一書，接著又出版《心理學的科學革命方案》（黃光國，2011），提出〈自我的曼陀羅模型〉（Hwang, 2011）。此一模型與《儒家關係主義》中的〈人情與面子〉理論模型分別代表了「自我」與「關係」兩個層次的普世性模型。這兩個理論模型的提出，代表非西方國家的心理學本土化運動已經邁入一個成熟階段，可以對西方建立在「個人主義」預設之上的社會科學理論進行挑戰或甚至「革命」了。

▣ 本土戒治模式

法務部矯正署高雄戒治所前所長蔡協利，是位對於毒癮戒治和矯正極為用心的人物，他從戒治矯正機構的基層人員做起，深知「內觀」靜坐對於穩定受戒治人員情緒的重要性；長久以來，他在高雄戒治所主持毒癮矯正工作，便鍥而不捨地推動學員「內觀」靜坐。兩年前，我在高雄醫學大學心理學系夏允中助理教授的引介之下，得以認識蔡所長，並了解他多年來努力奮鬥的方向；蔡所長很誠懇地希望我能夠提出一個整全式的理論架構，來幫助他推動以「內觀」做為核心的戒治輔導計畫。因此我決定與夏允中的研究團隊合作，幫助蔡所長完成他多年來的心願，希望對臺灣社會能夠有實質上的貢獻。

2011 年 6 月，我到高雄戒治所聽取臨床心理師及社會工作師對該所推動各項輔導工作的簡報之後，認為事情大有可為，因此於 6、7 月間兩度到該所，以「現代社會中的道德教育」、「儒家社會中的心理治療」，以及「自我的曼陀羅模型」為題，對工作人員做演講，希望能夠凝聚大家的理論共識。接著，又於 9 月 15 日及 10 月 27 日兩度到該所舉行「戒治處遇暨問題研討會」，針對第一線工作人員所提出的各項問題進行雙向溝通，同時與夏允中副教授召集的研究團隊合作，推動一系列的研究計畫。

該項計畫進行一年後，其成果報告分別刊登於高雄師範大學輔導與諮商研究所出版的《諮商輔導學報》（黃光國等，2012a），以及法務部矯正署出版的《矯政》（黃光國，2012；黃光國等人，2012b，2012c）。高雄戒治所對這樣的研究成果相當滿意，新所長就任後，希望我們能擴大既有的研究團隊，繼續和他們進行新一輪的合作計畫。這時候，我也面臨了一個新的挑戰：如何用淺顯易懂的實例，說明「儒家倫理療癒」（Confucian ethical healing）比西方的諮商輔導理論，更適用於儒家社會？

大概從十年前開始，我應邀擔任《中華輔導與諮商學報》編輯委員，經常為該刊審稿，因而注意到一個現象：由於對素樸實證主義式量化研究的支離破碎感到不滿，諮商輔導領域裡的質化研究有日益增加的趨勢。語言是文化的承載者，而目前的臺灣文化是儒、釋、道三種文化傳統再加上西方外來文化的混合體。在人們的生活世界裡，各種不同文化傳統藉由語言學習，進入人們的潛意識之中，不知不覺地影響人們的思想與行動。社會科學理論則是學者觀看世界的眼鏡，由於臺灣社會科學界業已「全盤西化」，心理學者普遍戴上了西方理論的眼鏡，也因而普遍患有「文化視盲」（culture blind）。由於西方社會科學的傳統訓練根本不知道如何建構「含攝文化的理論」，許多臺灣學者在本土文化中進行質化研究時，即使蒐集到許多蘊涵高度文化意涵的「事件」，對於其中的文化意義也可能視而不見。

由於《中華輔導與諮商學報》積累了許多待出版的稿件，為了消化積稿，編輯委員會決定出版專刊。我因而自告奮勇：由我從積稿中挑出幾篇論文，用我所建構的「含攝文化的理論」重新加以詮釋，藉以說明「儒家倫理療癒」的理論和實踐方法。

◘〈自我的曼陀羅模型〉

在這篇論文中，首先我要談的是〈自我的曼陀羅模型〉。在《心理學的科學革命方案》一書中（黃光國，2011），我一再強調：〈自我的曼陀羅模型〉是普世性的。用在華人社會時，首先我們要考慮的是：該模型中，社會學層次的「我」（person）具有什麼樣的文化特徵？它跟心理學層次的「自我」（self）以及生理學層次的「個體」之間，具有什麼樣的關係？

圖 3-1 中的「自我」（self）處於兩個雙向箭頭之中心：橫向雙箭頭的一

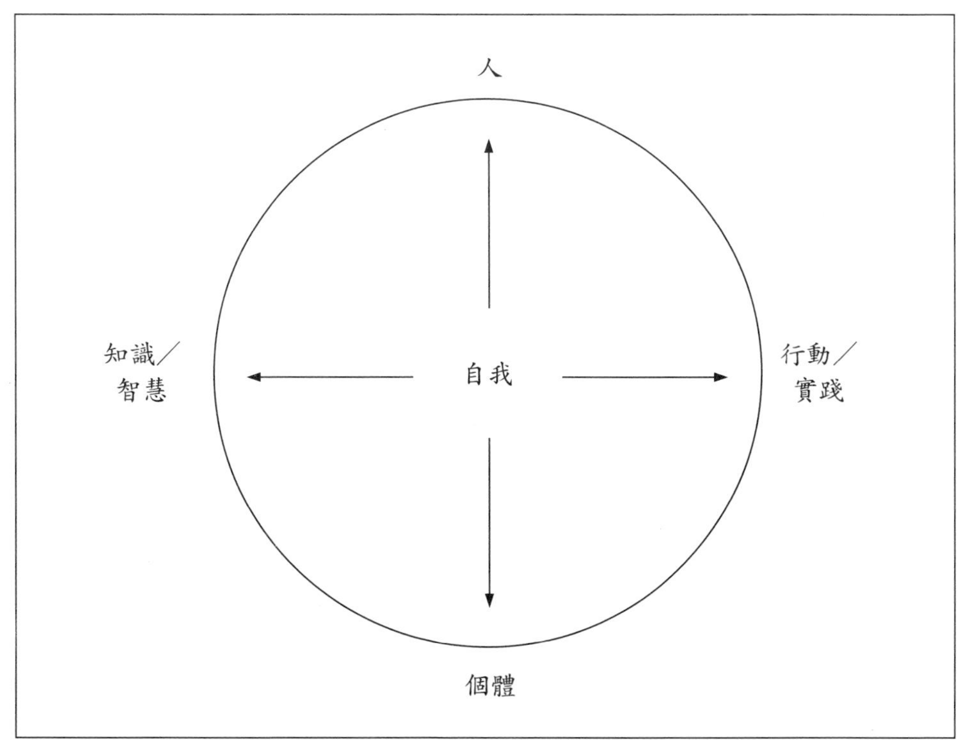

圖 3-1 〈自我的曼陀羅模型〉

端指向「行動」（action）或「實踐」（praxis），另一端則指向「知識」（knowledge）或「智慧」（wisdom）；縱向雙箭頭向上的一端指向「人」（person），向下的一端指向「個體」（individual）。

從文化心理學的角度來看，這五個概念都有特殊的涵義，都必須做進一步的分析：

「人」、「自我」和「個體」的區分，是人類學者哈瑞斯（Harris, 1989）所提出來的。她指出，在西方的學術傳統裡，個體、自我和人這三個概念有截然不同的意義：「個體」是一種生物學層次（biologistic）的概念，是把人（human being）當做是人類中的一個個體，和宇宙中許多有生命的個體並沒有兩樣。

「人」是一種社會學層次（sociologistic）或文化層次的概念，是把人看做是「社會中的施為者」（agent-in-society），他在社會秩序中會採取一定的立場，並策劃一系列的行動，以達成某種特定的目標。每一個文化對於個體該怎麼做才算扮演好各種不同的角色，都會做出不同的界定，並賦予一定的意義和價值，藉由各種社會化管道，傳遞給個人。

「自我」是一種心理學層次（psychologistic）的概念。在圖 3-1 的概念架構中，「自我」是經驗匯聚的中樞（locus of experience），它在各種不同的情境脈絡中，能夠做出不同的行動，並可能對自己的行動進行反思。

心理學層次的「自我」，成中英（Cheng, 2004）稱之為「主體我」（subject self），或「緊扣於時間上的自我」（time-engaged self），他在個人所處的時空中，依據個人的「智慧／知識」，針對自己所遭遇到的問題，不斷做各種不同層次的自我反思（self-reflection），採取各種因應措施。他會思考自己的處境，在未來的時間之流中，調整自己的行動（action）（如圖 3-1 所示）。

▣ 「命格」與「良知」

社會學層次的「人」（person），可以稱為「先驗的我」（transcendental

self）。它是個人將社會認定做為「人」的標準內化之後，再根據自己實際的生命經驗所形成的「理想自我」（ideal self），它在時間之流上較為恆定。遇到生命中的重大變故時，往往會以「先驗的我」和自己的生命經驗互相比對，進行「自我反思」（self-reflection），再決定自己未來要走的方向。

在西方基督教文化中，Person 這一名詞可譯為「人」，亦可譯為「位格」，它在基督教傳統中是指「三位一體」（trinity），在馬丁・路德（Martin Luther, 1483-1546），發起宗教改革之後，逐漸演變成社會學意義的「人」。

在儒家文化中的「人」，則是處於八字算命或紫微斗數的「命盤」或「命格」（structure of destiny）之中（如圖 3-2 所示）。依照中國民間的說法，個人的「命格」是由超越的「天」所決定的，這就是所謂的「天命」

福德	田宅	身宮	交友
父母			遷移
命宮			疾厄
兄弟	夫妻	子女	財帛

圖 3-2 「命盤」或「命格」的結構

（destiny of Heaven）。個人的「天命」會隨著時間的經過，而逐漸展現出來。然而，不管個人的天命如何，要做為一個「人」，他必須要能夠依照自己的「良知」（conscience）或「天良」做事，如果一個人做事違反「良知」或「天良」，他便可能會被人譴責為不是「人」。

個人「命格」的結構，構成了個人的「生活世界」（life-world），它跟個人主義文化中的「人」觀形成了明顯的對比。在本文中，我將從不同的角度反覆析論：儒家修養理論的核心精神，並以之做為參照點，說明某些西方的心理治療理論為什麼不適用於華人文化，若要將它們移植進入華人文化，必須要做什麼樣的修正。

貳、傳統喪葬儀式中的哀悼經驗

《論語》記載孔子跟弟子的對話，絕大多數卻是弟子問，由孔子回答。僅有少數幾次，是由孔子向弟子提問，而這幾次對話最能夠反映出儒家思想的核心價值，例如：

> 子曰：「參乎，吾道一以貫之。」
> 曾子曰：「唯。」
> 子出，門入問曰：「何謂也？」
> 曾子曰：「夫子之道，忠恕而已矣。」《論語・里仁》

有一次，孔子主動向曾子強調說：「吾道一以貫之。」曾子說：「是。」孔子離開後，其他的弟子問曾子：「老師所說的『一貫之道』究竟是什麼？」曾子的回答是：「夫子之道，就是『忠』跟『恕』兩個字罷了！」

朱熹對於這兩個字的註解是：「盡己之謂忠，推己之謂恕。」「盡己」和「推己」可以說是儒家思想的核心價值。以這樣的核心價值做為基礎，先秦儒家發展出相當精緻的倫理體系。在《盡己與天良：破解韋伯的迷陣》第七章中（黃光國，印刷中a），我曾經指出：「子不語：怪、力、亂、神」《論語·述而第七》，孔子平常雖然不願意深入探究諸如「天」或「鬼神」之類的形上學概念，然而，中國人對於「天」及「鬼神」雙重信仰的結構，卻是儒家倫理的形上學基礎。

這一點，在洪雅琴（2013）所著的〈傳統喪葬儀式中的哀悼經驗分析〉一文中，可以看得最為清楚。做為喪家親屬的一員，該文作者洪雅琴在父親出殯後一週至兩週內，邀請兄姊們進行分享式的訪談，其內容包括從父親往生到入殮的傳統喪葬儀式過程中，子女們的種種體驗和感受。為了符合自然的談話情境，研究者除了引導談話的方向之外，也和兄姊們就大家的喪父經驗，展開對話，希望能激發各個人對更深一層感受的覺察。從洪家人處理喪葬過程中所展現出來的人際互動，我們不僅可以看出儒家倫理的形上學基礎，而且也可以看到儒家倫理在現代臺灣社會中的運作。

▣「文化劇本」的導演

當研究者的父親在醫院中呼吸衰竭時，在母親的同意之下，經醫護人員急救後，由救護車送父親返回家中，並安置於廳堂，此時，多數子女均已到齊。接著，護士拔掉呼吸器，正式宣布父親壽終正寢。

從父親往生的那一刻起，「現實上的時間彷彿已經停止」，「多數親戚鄰居聽聞父親的死訊，馬上放下身邊工作，前往協助治喪事宜」。大哥說：「可以立即感覺到這股宗族社區的強大力量注入我們家。」三合院內、外熱鬧烘烘，大家忙進忙出，吆喝聲此起彼落，很有經驗的相互配合著，一如過往婚喪喜慶的日子，只是這次父親從「鬥腳手」（臺語）的人變成了主角。

這位「主角」的未亡人，也就是研究者的母親，變成了一家人實踐傳統倫理的「導演」：

「急救時，母親要求大姊先行購置往生者習於穿戴的七層壽衣，大姊為父親選擇了質材極佳的中國式深藍色亮面長袍馬掛。母親說還好昨晚在醫院大哥已經幫父親洗好澡了，穿壽衣之前，大哥先為父親刮鬍子和洗臉。母親指示：『兒子頭，女兒尾』，亦即：由兒子為遺體穿戴上衣和帽子，由女兒為父親穿上褲子和鞋襪。母親還叮嚀兒女得趕快在父親遺體仍溫暖柔軟時穿上壽衣，父親才能『得道』（臺語，往生西方極樂世界），大家便在忙亂中為躺在『水床』（臨時安置遺體的木板床）上的父親穿畢壽衣，看著突然往生的父親，恍如隔世，不禁哭泣。」

臺灣民間的文化，是儒、釋、道三種文化的傳統混合體。洪家子孫在實踐其倫理傳統時，也是從這三種不同的文化傳統中擷取材料，編撰成他們的「文化劇本」（cultural script）：

「孫子第一次買的佛號錄音帶，速度快而費力，大家很努力地要幫父親助念，卻無法久撐；後來再買回來的是不斷反覆、頻率較緩和舒適的『南無阿彌陀佛』助念器；氣氛緩和輕鬆許多。洪家子孫均知一旦進入廳堂，則不得流淚，以免擾亂父親的神識。特別是佛教提到亡魂在剛往生的二十四小時之內會在遺體旁不斷徘徊，不會立即離去。假使子孫太過悲傷痛苦，將使先亡（祖）父捨不得離去，無法往生西方極樂世界。」

◘ 儒家的相對倫理

沃登（Worden, 2009）強調：對於亡者的哀悼，是其未亡家屬調適失落悲傷的必要過程，在這個過程中，必須達成四項基本任務：任務一，是幫助家屬接受親人死亡的事實；任務二，是經驗並減緩悲傷的痛苦；任務三，是幫助家人重新適應一個逝者已不存在的新環境；任務四，則是在家人心中，能協助逝者啟動人生的新旅程。

換言之，這整套「文化劇本」的主要目的之一，就是要協助逝者「往生西方極樂淨土」，例如：研究者在跟兄姊討論喪葬處理過程的經驗時，大哥說明，他為什麼要教小孩唸心經：

「我想到其中有幾句『心無罣礙，則無由恐怖，遠離顛倒夢想，究竟涅槃』，剛好可以面對這種情境。也許父親可以了無罣礙的去做神仙，所以就找出心經的經文來給大家唸。」

研究者的小妹說，她心想：這些二十出頭歲的孫子輩們對生死的事情，可能沒有辦法體會那麼多，就跟他們解釋：

「唸心經本來就是一種功德，迴向給阿公，天上的佛、菩薩就會幫阿公開路，保護阿公，迎接他去天上。阿公去天上就可以保佑我們；所以為阿公好，就是為自己好。」

在《中國的宗教：儒教與道教》（*The Religion of China*）一書中（Weber, 1964），韋伯認為：中國人對於「神祇」的崇拜，跟祖先崇拜一樣，是以「原始的相互性」（primitive mutuality）做為基礎。這一點是不錯的。然而，在《盡己與天良：破解韋伯的迷陣》一書（黃光國，印刷中a）中，我以先秦儒家經典的分析為基礎指出，韋伯不了解：中國人對於「天」及「鬼神」信仰的雙重結構，是儒家倫理的形上學基礎。儒家「五倫」的基本形式是「父慈子孝」。在研究者的小妹跟孫子輩的對話中，「唸心經本來就是一種功德，迴向給阿公」，「阿公去天上就可以保佑我們；所以為阿公好，就是為自己好」，此乃「相對倫理」的概念，可說是「父慈子孝」的延伸。「唸心經本來就是一種功德，迴向給阿公，天上的佛、菩薩就會幫阿公開路」，固然可以說是一種「原始的相互性」，但也可以說是儒家「相對倫理」的延伸。

參、儒家的庶人倫理

如果我們將這個現象放置在我所主張的「含攝儒家文化的理論」脈絡中來加以解釋，我們不僅可以看到儒家倫理在現代華人社會中的運作，而且可以了解儒家倫理療癒的屬性。

回「仁、義、禮」倫理體系

在《儒家關係主義》一書的第四章、第五章中（黃光國，2009；Hwang, 2012），我先說明如何建構普世性的〈人情與面子〉理論模型，再以之做為基礎，分析儒家思想的內在結構。這樣分析的結果顯示：儒家的「庶人倫理」是由「仁」、「義」、「禮」等三個核心概念所構成的。依照我的分析，儒家經典中最能夠反映儒家倫理中「仁」、「義」、「禮」等三個概念之間的複雜關係者，是《中庸》上所說的一段話：

> 「仁者，人也；親親為大。義者，宜也；尊賢為大。親親之殺，尊賢之等，禮之所由生也。」（第二十章）

「殺」即是差等之意。儒家主張：個人和任何其他人交往時，都應當從「親疏」和「尊卑」兩個認知向度（cognitive dimensions）來衡量彼此之間的角色關係：前者是指彼此關係的親疏遠近，後者是指雙方地位的尊卑上下。做完評定之後，「親其所當親」，是「仁」；「尊其所當尊」，是「義」；依照「親親之殺，尊賢之等」所做出的差序性反應，則是「禮」。

用西方社會心理學的「正義理論」來看，《中庸》上的這段話還有一層重要的含意。「正義理論」將人類社會中的「正義」分為兩大類：一為「程序正義」，是指群體中的成員認為應當用何種程序來決定分配資源的方式；另一為「分配正義」，則是指群體中的成員認為應當用何種方式分配資源

（Leventhal, 1976, 1980）。依照儒家的觀點，在人際互動的場合，應當先根據「尊尊」的原則，解決「程序正義」的問題，決定誰是「資源支配者」，其有權選擇資源分配或交易的方式；然後再由他根據「親親」的原則，決定資源分配或交易的方式。在圖 3-3「資源分配者的心理歷程」中，與「交換法則」對應的「義」，主要是指「分配正義」。

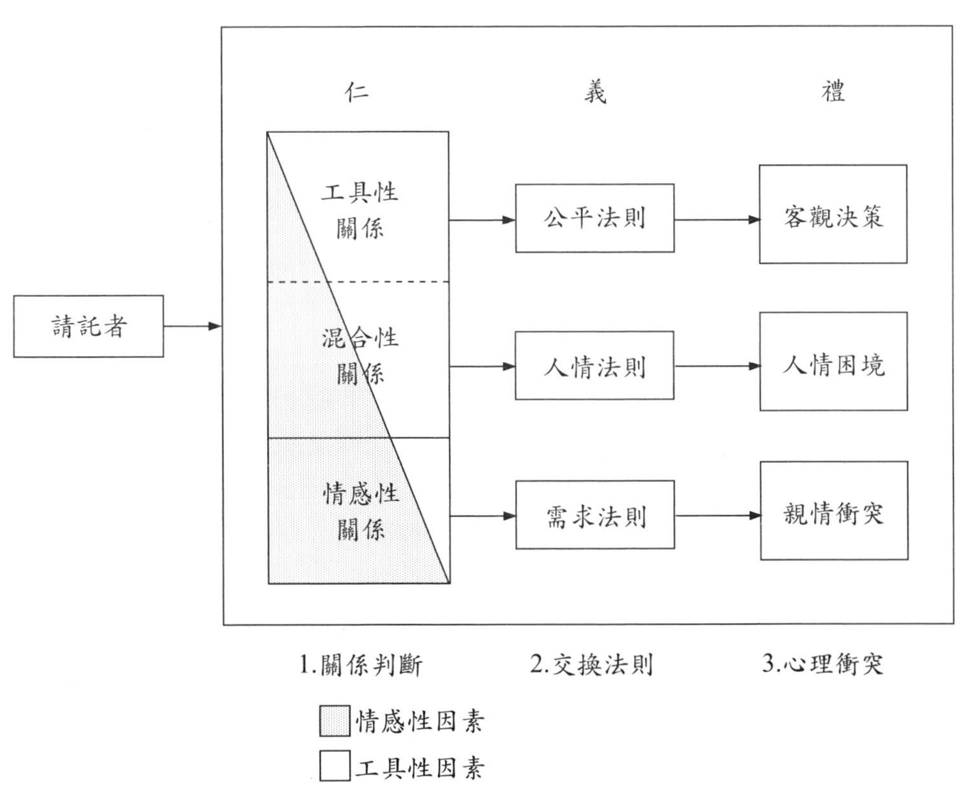

圖 3-3　儒家庶人倫理中的「仁－義－禮」倫理體系

▣「仁、義、禮」倫理體系的運作

依照儒家的「仁、義、禮」倫理體系來看，考慮互動雙方關係的親疏，是儒家所謂的「仁」；依照雙方關係的親疏而選擇適當的交換法則，是「義」；考慮雙方交易的利害得失之後做出適切的反應，則是「禮」；三者構成了儒家「仁、義、禮」倫理體系的核心部分。

在圖 3-3「儒家的庶人倫理」中，我以一條對角線將和「仁」對應的長方形分為兩部分，斜線部分稱為「情感性成分」，空白部分稱為「工具性成分」，這意思是說：儒家所主張的「仁」，是有差序性的「親親」，而不是普遍性的對任何人都「一視同仁」。同時，我又以一條實線和一條虛線將代表「關係」的長方形切割成三部分，並依其「情感性成分」的多寡，分別稱之為「情感性關係」、「混合性關係」和「工具性關係」。在代表家人間的「情感性關係」和家庭外的「混合性關係」之間，以一條實線隔開，這意思是說：儒家認為，家人和外人之間存有一種難以穿透的心理界限（psychological boundary），應當根據不同的「分配正義」或「交換法則」來進行社會互動。

用〈人情與面子〉的理論模型來看，父子、夫婦、兄弟三倫是屬於「情感性關係」，個人應當以「需求法則」和他們進行交往，盡力獲取各種資源，來滿足對方的不同需要。朋友一倫屬於「混合性關係」，應當以「人情法則」和對方互動。至於君王，一般庶民很少有與之直接互動的機會，在此可以暫且不論。

在「程序正義」方面強調「尊尊法則」，在「分配正義」方面，強調以「仁、義、禮」倫理體系做為基礎的「親親法則」，這可以說是儒家「庶人倫理」的「形式結構」。當這樣的形式結構落實在某一特定的角色關係之中時，儒家對於各種不同的角色關係，即可進一步做出了不同的倫理要求。儒家認為：君臣、父子、夫婦、兄弟、朋友是社會中五種最重要的人際關係，儒家稱之為「五倫」。五倫中，父子、夫婦、兄弟三倫旨在安排家庭中的人際關係，是屬於「情感性關係」的範疇；朋友、君臣則是「混合性關係」。

◘「五倫」的雙向性

儒家認為：五倫中每一對角色關係的互動都應當建立在「仁」的基礎之上，然而，由於五倫的角色關係各不相同，他們之間應當強調的價值理念也有所差異：「父子有親，君臣有義，夫婦有別，長幼有序，朋友有信」。值得強調的是：在儒家的觀念裡，這五種角色關係中，除掉「朋友」一倫外，其他四倫都蘊含有「上／下」、「尊／卑」的縱向差序關係：

> 子曰：「何謂人情？喜、怒、哀、懼、愛、惡、欲，七者，弗學而能。何謂人義？父慈、子孝、兄良、弟弟、夫義、婦聽、長惠、幼順、君仁、臣忠，十者，謂之人義。講信脩睦，謂之人利。爭奪相殺，謂之人患。故聖人之所以治人七情，脩十義，講信脩睦，尚辭讓，去爭奪，舍禮何以治之？飲食男女，人之大欲存焉！死亡貧苦，人之大惡存焉！故欲惡者，心之大端也，人藏其心，不可測度也，美惡皆在其心，不見其色也，欲一以窮之，舍禮何以哉！」《禮記．禮運》

《禮記》是孔子的學生及戰國時期儒家學者的作品。將《禮記》上這篇論述的內容放置在〈自我的曼陀羅模型〉（如圖3-1所示）中來看，所謂「人情」，是做為生物之「個體」（individual）所具有的各種慾望；所謂「人義」，是做為社會中之「人」（person）所必須遵循的倫理規則。「父慈、子孝、兄良、弟弟、夫義、婦聽、長惠、幼順、君仁、臣忠」是扮演不同角色的人，最應當重視的準則。「自我」在「治七情，脩十義」的過程中，可能特別重視孔子所強調的「推己及人」，或孟子所強調的「盡心」；在兩人的對偶關係中，掌握較大權力的人，必須先要求自己，善盡自己的角色義務，而成為「仁道」的「相對倫理」。

但他也可能因為擔心「飲食男女，人之大欲存焉」，「欲惡者，心之大端也」，「人藏其心，不可測度也」，而認為：「講信脩睦，尚辭讓，去爭奪，舍禮何以治之」，「欲一以窮之，舍禮何以哉」，並傾向於講求「禮教」的「絕對倫理」。

▣「五倫」的異化

漢武帝採納董仲舒的建議，「罷黜百家，獨尊儒術」，將「五倫」和「三綱」混為一談。到了宋明時期，理學興起，伴隨著科舉制度的施行，先秦儒家的精神隱沒不彰，「古今所以治天下者，禮也。五倫皆禮」，「仁道」異化成為「禮教」，「五倫」也演變成為「三綱」。

西方民俗學家在傳統中國社會所觀察到的現象是：

> 「不計其數的禮節束縛著中國人的生活：從懷胎階段一直到死者的祭祀。其不勝枚舉而又牢不可破的繁文褥節，構成可供民俗學家研究的一座寶庫。葛魯柏（W. Grube）的作品特別利用了這些資料。部分的禮儀顯然原本是巫術的，尤其是除厄的。另一部分則來自道教與民間佛教。道教與民間佛教都在大眾的日常生活中留下了深刻的印痕。同時也保留著大量純粹因襲性的、禮儀上的遺習禮節。規範約制著垂問與答覆、不可缺失的禮數、正確優雅的辭讓、拜訪、餽贈等姿態，以及敬意、弔慰與慶賀的表示。」（簡惠美譯，1989，頁 301；Weber, 1964）

用亞瑟（Archer, 1995）所主張的「分析二元論」（analytic dualism）來看，韋伯筆下引述西方民俗學家對傳統中國社會所做的觀察，是十九世紀以前中國社會中「社會與文化交互作用」（socio-cultural interaction）所展現出來的現象。洪雅雯（2013）在臺灣喪葬儀式中觀察到的現象，則是當代臺灣中「社會與文化交互作用」的展現。兩相比較，吾人不難看出：語言是文化的載體，文化傳統藉由語言的學習而進入人們的潛意識之中。在十九世紀以前的傳統中國，韋伯的描述或許是一種普遍的現象；但在今天的臺灣，洪雅雯在其論文中對其親友之言行舉止所做的描述，則是在「喪葬儀式」的特殊情境中，儲藏在潛意識中的文化傳統被重新「激活」（activated）的結果。

肆、關係主義的「量化」與「質化」研究

依照「分析二元論」的主張，今天我們要建構「含攝文化的心理學理論」，絕不能只停留在「社會與文化交互作用」的層次，而必須在「文化系統」（cultural system）的層次上做分析。本節所提出的儒家「庶人倫理」，便是一種「含攝儒家文化的理論」。

方法論的關係主義

針對西方心理學所主張的「方法論的個人主義」，何友暉主張：社會心理學研究，必須強調「方法論的關係主義」（methodological relationalism）（Ho, 1991, 1998）。所謂「方法論的個人主義」（methodological individualism）是指，「個人」是社會科學分析的基本單位，如果不了解有關個人的事實，吾人便不可能對社會現象做出完備的解釋。在心理學中，最廣為人知的例子是歐珀特（Allport, 1968）對社會心理學所下的定義：「社會心理學旨在了解並說明個人的思想、感受和行為如何受到他人真實的、想像的或隱含的出現之影響。」

相對之下，「方法論的關係主義」認為：社會現象的事實和原則不可以化約到關於個人的知識之上。他們是由許多個人所形成的關係、群體和機構之中滋生出來，並獨立於個人特徵之外（Ho, 1998）。關於個人的任何事實都必須放在社會脈絡中來加以了解，例如：涂爾幹（Durkheim, 1938）便堅決主張：「每當一種社會現象是直接用心理現象來加以解釋時，我們便可以斷言：這種解釋必然是虛假的。」

根據「方法論的關係主義」，何友暉認為：在做「關係分析時，理論家試圖解釋個體的行為，必須先考慮文化如何界定關係」，因此，其「策略性的分析單位並不是單獨的個體或情境，而是『各種關係中的人』（person-in-relations，其焦點為不同關係中的個人）以及『關係中的人們』（persons-in-relation，其焦點在某一關係脈絡中互動的人們）」（Ho, 1998; Ho & Chiu, 1998）。

例如：洪雅雯（2013）研究其家族在喪葬儀式過程中的互動，便是在描述此一特定「關係脈絡中的人們」（persons-in-relation）。有了「含攝儒家文化的理論」，我們可以了解儒家社會裡「關係中的人們」，如何以儒家庶人倫理的「仁、義、禮」倫理體系做為基礎，與「各種不同關係的人」進行互動。

▣ 自閉兒的母子關係

在〈親子關係與母親安適感之關聯性研究〉一文中，廖淑廷、林玲伊（2013）以一系列量表施予六十位臺灣地區撫養自閉症青少年及成年個案的母親，其中包括一份「正向情感量表」（Positive Affect Index）（Bengston & Black, 1973），用來評估母親與自閉症子女間的正向情感，該量表總共包含十五個項目。前五個項目評估母親從自閉症子女身上察覺到的了解、信任、公平、尊重和喜愛等正向情感；後五個項目則是母親認為自己對自閉症子女的了解、信任、公平、尊重和喜愛等正向情感；最後五個項目則評估雙方的情感交流，如關係的親密度、溝通、想法，以及相處的融洽度等。量表中的所有題項均以李克特氏六點量表作答，一分代表「完全沒有」，六分則表示「非常多」；總分愈高代表母親在親子關係中覺察及付出愈多的正向情感，與孩子間的情感交流品質較佳。

研究者統計每題選項中填寫5分（極多）及6分（非常多）的人數比例，並將其結果列於表 3-1，結果顯示：母親對孩子的情感以及從孩子身上察覺到的情感有不同的模式；有高比例的母親認為：自己最常對自閉症孩子的正向情感分別為「喜愛」（86.6%）和「了解」（65.0%），「尊重」則占最小比例（56.6%）。至於從孩子對自己的正向情感覺察層面上，有86.7%的母親認為孩子對自己有極高的「信任」感，但覺得孩子認為自己「公平」（28.3%）或「了解」自己的母親卻極少（16.7%）。

表3-1 受訪者之正向情感表現頻率百分比

項目	非常多或極多（%）
母親對孩子的正向情感	
喜愛	86.6
尊重	56.6
公平	58.3
了解	65.0
信任	60.0
母親察覺到孩子對自己的情感	
喜愛	68.4
尊重	50.0
公平	28.3
了解	16.7
信任	86.7

這樣的統計資料顯示出：儒家社會中「母親和自閉兒」之間的「雙人關係」（dyad relationship），在儒家文化強調「親慈／子孝」的影響之下，做為自閉兒的母親，她們傾向於認為：自己對於孩子有「喜愛」、「了解」、「信任」、「公平」和「尊重」的正向情感做為回饋。然而，由於自閉兒認知能力方面的限制，她們並不認為孩子能「了解」自己，或認為自己「公平」。

回 自閉兒母親的安適感

除了「親子關係」的評量之外，研究者並以一系列的量表要求受試者評估自身的健康情形，以及其憂鬱感、焦慮感、悲觀感和照顧負荷感，結果如表 3-2 所示。依照研究者的敘述，在該研究中，「50%的母親自評健康情形尚可，另有 43.3%自評健康情形良好」，共占受試者 93.3%。「母親憂鬱量表」（CES-D）平均分數為 17.8 分，有 26.7%的母親有前憂鬱癥兆，有 26.7%的母親達臨床憂鬱診斷標準。「焦慮感的平均分數為 9.6 分。悲觀感的平均分數為 6.1 分。」但研究者並未以之與任何常模比較，所以我們也很難判斷這些數字的意義。母親的照顧負荷感平均分數為 26.7 分，有 23.3%的母親分數為中重度負擔或重度負擔。

在表 3-2 中，最值得吾人注意的是：親子關係和母親的憂鬱感、焦慮感、悲觀感和照顧負荷感，都有顯著的負相關。換言之，親子關係愈好，母親的憂鬱程度愈低、焦慮感愈小、對孩子的未來愈不會感到悲觀、照顧負荷感也愈低。

表 3-2 親子關係與母親安適感之相關性

變數	1	2	3	4	5	6
親子關係	-					
自評健康情形	-.181	-				
憂鬱感	-.543***	-.384**	-			
焦慮感	-.422**	-.284*	.746***	-		
悲觀感	-.419**	-.275*	.510***	.379**	-	
照顧負荷感	-.612***	-.196	.661***	.610***	.645***	-

*$p < .05$; ** $p < .01$; *** $p < .001$

◘ 中西文化的差異

不僅如此，在母親「自評健康情形」和其安適感諸變項之間，也呈現出類似的相關組型：母親「自評健康情形」愈好，個人的憂鬱感、焦慮感、對孩子未來的悲觀感，以及照顧負荷感均愈低。在該研究的「結論」部分，研究者說：

> 「承上所述，檢視『正向情感量表』的評估結果，我們發現母親對孩子表現出正向情感的頻率比例極高，照顧者在面對孩子的疾病時，除了負向的情緒之外，絕大部分能夠表現出較正向的情感，與先前學者提出的母親對身心障礙孩童的情緒表達會較為負向（Gray, 1994）的觀點略為相異。」

事實上，該研究所蒐集到的數據顯示：自閉兒的母親不僅「對孩子表現出正向情感的頻率比例極高，她們的『自評健康情形』也不差」。配合表 3-2 的其他數據，我們可以清楚看到：臺灣自閉兒母親「盡心」照顧其子女時的心理感受。這種關係組型可以放置在儒家倫理的脈絡中予以理解，但卻很難用西方既有的研究結果來做為解釋。

伍、科學知識的三個層次

〈親子關係與母親安適感之關聯性研究〉一文，是國內常見的移植型之量化研究。然而，倘若我們將這樣的結果放置在「含攝儒家文化的心理學理論」中來重新詮釋，則吾人將可打通量化研究和質化研究之間的隔閡，兩者之間不會再有不可跨越的鴻溝。我們可以藉用「批判實在論」（Critical Realism）的科學哲學，來說明這一點。

巴斯卡（Bhaskar, 1975）主張的批判實在論認為：人類對於「自然」或

「實在」的知識，是有結構而且是可區分的（structured and differentiated）。做為知識對象之實體層次（entity level），它可區分為「機制」（mechanisms）、「事件」（events）和「經驗」（empirical）等三層；在本體論的範疇（ontological domains），則可以區分為「實在」（the real）、「真實」（the actual）和「實徵」（the empirical）。在〈批判實在論與多重哲學典範：建構含攝文化的心理學理論〉一文中（Hwang, 2012），我刻意將本體論範疇之三個向度的英文改為 reality、actuality 和 factuality，經驗（empirical）一詞則改為「實徵經驗」（empirical experience），如表 3-3 所示。

表 3-3　本體論的範疇及實體的層次

本體論的範疇 / 實體的層次	實在範疇	真實範疇	事實範疇
機制	✓		
事件	✓	✓	
實徵經驗	✓	✓	✓

資料來源：修改自 Bhaskar（1975, p.56）

▣ 實在（Reality）範疇

批判實在論採取科學實在論的立場，認為實在自身（reality in itself）獨立於我們對它的知識之外。這一點，和建構實在論的立場一致（Wallner, 1994, 1997），和康德的本體論主張也是一致，他們都認為：物自身（thing-in-itself）並不可知，人類所能知道的僅只是現象（phenomenon）而已。

科學實在論認為：科學家所建構的理論機制或模型必然指涉某些實在的對象。實在的範疇所涉及的客體，可以是物質的，也可以是社會的，客體的存在與我們對其性質是否有足夠的知識完全無關。

不論是哪一種客體都有某些結構和力量（powers）。在社會科學的領域中，結構是由一組內部彼此關聯的客體或實踐所界定的，它可以是個人層次的，如我所建構的〈自我的曼陀羅模型〉（黃光國，2011；Hwang, 2011）；可以是人際層次的，如〈人情與面子〉的理論模型（黃光國，2009；Hwang, 2012）；也可以是更大的社會機構，如一般的社會學理論；當然它也可以是神經學層次（neurological level）的非社會性結構。這些理論所涉及的對象都是實在的，這樣的主張稱為「本體論的實在論」（ontological realism）。

▣ 真實（Actuality）範疇

柯萊爾（Collier, 1994, p.62）認為：「力量」是「非技術性的名詞，它指稱（發生性機制）能做哪些事情」，而「發生性機制」（generative mechanism）則是「技術性的名詞，它指稱獨立並超越於事件模式（patterns of events）之上的某些實在之物」。在我看來，我所建構的〈自我的曼陀羅模型〉和〈人情與面子〉的理論模型都可以說是「發生性機制」，它們的存在是發生事件的根源性力量（causal powers）（Bhaskar, 1975）。

我們可以用各種不同的方法來檢視產生力量之機制的結構，我們也可以預測：在某些條件或有某種投入（input）的情況下，客體的結構會開始運作，並產出某種變化或「事件」（event）。

客體的力量被「激活」後所發生的事件，即屬於「真實」（actuality）範疇。在社會科學的領域中，當社會結構或個人使用其力量（社會學家稱之為「施為」）時，這些力量所要做的事，以及隨之而發生的事件，亦屬於「真實」範疇。

在《儒家關係主義》一書第五章中（黃光國，2009；Hwang, 2012），我說明我如何以〈人情與面子〉的理論模型做為概念架構，分析儒家思想的內在結構。我所分析的文本是先秦儒家諸子所說過的話語，即是在文化系統的層次上檢視：當先秦儒家諸子身上的這些「發生性機制」被激發出來之後，他們所說的話語或「語言行動」（speech act）。用前述「科學微世界／生活世界」的區分來看，這樣分析所得到的「儒家的庶人倫理」，成為我所說的

「含攝儒家文化的理論」，是屬於「科學微世界」的範疇。〈人情與面子〉的理論模型以及〈自我的曼陀羅模型〉是普世且客觀的（objectivist）；據此而建構的「儒家的庶人倫理」或其他「含攝文化的理論」，則是文化特殊而且「可錯的」（fallibilist）。因此，我的研究工作可做為實例，用來說明批判實在論的哲學主張「本體論的實在論」，以及「知識論的相對主義」（epistemological relativism）。

以這種「含攝儒家文化的理論」做為基礎，我們可以在文化—社會互動的層次上檢視：當華人社會中某一行動者之「發生性機制」的力量被激發出來後，他們所說出的話語，或採取的語言行動。用前述將「科學微世界／生活世界」的區分來看，這是發生在華人「生活世界」中的「事件」，是社會科學中質化研究（qualitative research）的材料。

▣「事實」（Factuality）範疇

同樣的，以「含攝儒家文化的理論」做為基礎，我們也可以考量華人社會中的現實情況，導衍出各種不同的假設，從事實徵研究。這樣蒐集到的實徵資料，是用「主／客」二元對立的方法可以直接或間接經驗到的，是屬於傳統社會科學量化研究（quantitative research）中所謂「事實」（factuality）的範疇。

在《儒家關係主義》一書中（黃光國，2009；Hwang, 2012），我以普世性的〈人情與面子〉理論模型做為基礎，分析儒家思想的內在結構，並從西方倫理學的觀點，探討儒家倫理的屬性。在這本書的其他章節中，又以關係主義做為預設，針對儒家社會中的社會交換、面子概念、成就動機、組織行為與衝突解決，建構了一系列「含攝儒家文化的理論」，來整合相關的實徵研究成果。從以上的分析來看，只要本土心理學者致力於建構「含攝儒家文化的理論」，量化和質化研究應當是可以互補的。

同樣的，本文所引用的〈傳統喪葬儀式中的哀悼經驗分析〉一文，是用質化研究的方法，描述受訪者所知覺到的現象，它所描述的現象是含有時間向度的「真實」（actuality）。〈親子關係與母親安適感之關聯性研究〉一文則是採用量化研究的方法，在同一時間點上，蒐集橫跨性的（cross-sectional）「經驗性資料」，這樣蒐集到的資料，代表了「經驗性的事實」（empirical fact），亦即「事實」（factuality）的層次。而「儒家的庶人倫理」則是一種代表「實在」（reality）的機制（mechanism），可以同時解釋這兩種不同層次的研究結果。

回 反實證主義

批判實在論的本體論主張一種「層疊化的實在」（stratified reality），它和實證主義對於「實在」的預設有其根本性的不同。批判實在論主張：經驗「事實」的範疇含攝在「真實」的範疇之內；這兩者又含攝在「實在」的範疇之內，即 dr≧da≧df（如表 3-3 所示）。而實證主義的本體論主張則是：感官所能觸及的「事實」是唯一的「實在」，即 dr ＝ da ＝ df（Bhaskar, 1975）。

對於非西方國家的心理學者而言，批判實在論和實證主義對於本體論的不同主張具有十分重要的意涵。由於大多數的心理學者都採取了實證主義的立場，他們在從事研究的時候，大多假設人是「既有事實的被動接受者」（passive recipients of given facts）及「其常態性結合的記錄者」（recorders of their constant conjunctions）（Bhaskar, 1975），他們既不會將這三個不同層次的範疇加以區分，也不懂得如何在「實在」的層次上建構「含攝文化的理論」。結果，非西方國家的心理學研究大多是在套用西方國家的研究典範，一方面造成非西方國家學術研究水準的低落，另一方面也導致其文化主體性的喪失。

陸、受苦經驗的詮釋現象學

多年來，余德慧教授等人一直在東華大學推動以「詮釋現象學」從事

「本土療癒」之研究。盧怡任、劉淑慧（2013）所著的〈受苦經驗之存在現象學研究〉一文，代表了心理學本土化的這一種努力方向。以之與我所主張的「多重哲學典範」相互比較，我們很容易看出「單一哲學典範」的不足，更容易發現兩者之間應有可以互補之處。

該文的「緒論」部分開宗明義地指出：諮商工作者共同關切的問題是：「人類如何感受受苦經驗，如何持續受苦，以及如何脫苦。」近二十年來，針對此一核心問題，諮商與心理治療理論各自提出理論與實務運作方法。相關論述典範出現「激烈辯證，思潮激盪，方興未艾」。

回「主／客對立」的觀點

該文首先回顧精神分析、認知治療和個人中心治療等三大勢力，對於人類受苦之論述，及其論述之侷限。精神分析的創始人佛洛伊德（Freud）認為：人的受苦源自於早期創傷事件（trauma）。病人透過「潛抑」（repression）的心理機轉，將痛苦的經歷壓抑至潛意識。後來，佛洛伊德認為：「潛抑」可能發展成為其他形式的自我防衛機轉，其目的在於減輕焦慮與逃避痛苦。

從精神分析的角度來看，人的受苦始自於外在環境的威脅，其本質是由與「性」相關的事件所構成。然而，其所謂創傷事件，究竟是真實（actually）發生過的事件，抑或是人的主觀想像？這是有待釐清的問題。

認知治療認為，人類的心理困擾來自個人對於外在世界的扭曲、誇大或誤判，而形成不適切的自動化思考（automatic thoughts），它通常不合邏輯且扭曲現實，並導致不符合現實的結論，引發不合宜的情緒與行為，使個人困擾進一步惡化，而又回頭增強負向基模。從認知治療的觀點來看，當個人內在訊息的處理過程與外在現實有所落差時，受苦即在兩者的差異中顯現、維持甚至惡化。貝克（Beck, 1976）因此認為，受苦源自於對事件的「公開意義」（public meaning）與「私有意義」（private meaning）之差異。公開意義是指「對事件之正式、客觀的定義」，私有意義通常是「不實際的」

（unrealistic），而且「常因事件觸及個人重要的生命經驗而被激起」。

該文作者也引述雷尼（Layne, 1983）對憂鬱症實徵研究的文獻回顧，認為相對於正常人的樂觀，「憂鬱症患者的相對悲觀是對現在處境的真實反映與對未來的實際預測」（p.848），因此其認知是「痛苦的真實」（painful truths）。然則，受苦經驗的「私有意義」究竟是「真實」，抑或是「不實際的」？它跟「公開意義」的關係是什麼？這也是有待釐清的問題。

> 「個人中心治療認為：個人的主觀世界，或稱為現象場（phenomenal field），是個人經驗世界的中心，個人在與環境互動的經驗中構成了自我概念（self-concept）。羅吉斯（Rogers, 1965）認為：『當源於自身對經驗的評價，以及源於所內化之重要他人或文化之評價與自我概念不一致（inconsistent）時，內在衝突即隨之產生。任何與自我組織或結構不一致的經驗會被視為威脅，當知覺到愈多的威脅，自我概念的結構就必須重組，以更穩固的組織，維持自身的穩定』（p. 515）。受苦來自經驗與自我概念不一致所產生的心理失調（psychological maladjustment）。」

◘ 在世存有的經驗結構

盧怡任、劉淑慧（2013）認為：前述的諮商與心理治療理論，都是以主客分立的觀點來解釋經驗，存在現象學（existential phenomenology）則是以「在世存有」（being-in-the-world）來描述人的經驗結構，認為人總是以某種方式與世界關聯。要了解人，不應分從人與世界兩端來描述，而是要描述人與世界之「關聯」（relation），「描繪出經驗如此這般呈現的處境結構」。

在海德格（M. Heidegger）的存在哲學裡，時間有「過去」、「現在」和「未來」等三重結構，「本真」和「非本真」的存在狀態對應於兩種不同的時間觀。每一個人都是歷史的產物，每一個人都活在他的歷史經驗之中，「過去」是培育萬物的苗圃。「誠者，天之道；誠之者，人之道」，一個活在「本真」狀態中的人，不論「過去」遭受過什麼樣的「受苦」經驗，他都能夠總結自己的歷史經驗，以之做為材料，真誠面對自己的生命處境在「現在」從事「籌劃」，以走向「未來」。可是，「非本真」存在狀態的時間觀卻是以「現在」做為核心：「過去」的創傷經驗留存到「現在」，自我始終未能予以妥善處理，因而他也不知道如何「籌劃」未來。

海德格將一個人由「非本真狀態」朝向「本真」努力轉變的有機聯繫，稱為「籌劃」（project）。「籌劃」是存在與時間的結合點，它涉及一種向前運動，必須以「未來」做為前提。為了尋求「本真的」存在，一個人必須為「過去」發生過的事情承擔後果與責任，並置身於「現在」，並為其「將來」尋求各種可能性。

▣ 處境與籌劃

處境與籌劃是不可分的，籌劃形塑了我與他人及世界的關係。人在處境之中，而處境則為籌劃所照亮。處境構成人之事實性（factuality），而人又因籌劃而得以形成與改變處境，故處境與籌劃是相互構成的。不斷的超越其處境，事實性與超越性相互證成。該文作者因此將「在世存有」的基本結構畫成表 3-4。在表 3-4 中，人的存有結構，分別用「事實性」與「超越性」來表示。現有的處境顯示了個人的事實性，而「籌劃」則開展出人對其現有處境試圖的超越，「空間性」及「時間性」即是處境與籌劃的基本結構。虛線的上方呈現存有的基本結構，虛線下方則顯示出其文本敘述中與存有結構的對應關係。受訪者在敘說中提到關於自己、他人或事物的描述，顯示出其自我－世界－他人的關聯狀態，從這些關聯狀態中可以看出：個人如何理解過去與現在，以及如何朝向未來。這些都顯現出主體目前的位置。在敘說中所呈現的自我與他人的互動，則顯示出世界在個人身上的作用，以及個人對於世界的籌劃，行動的效果則可以看出：個人的籌劃是否實現。最後，個人在敘述中所呈現的情緒、感受，則顯示出個人對於處境的理解，有助於我們了解：處境對於個人的意義，也反映出海德格對於「在世存有」的描述。

表 3-4 存有結構表

存有結構	
事實性	超越性
空間性	時間性
處境	籌劃
我—他人—物—世界之關聯	未來—過去—現在
主體位置　我—我　我—他	我—他　未來—過去—現在
我—物關聯	我—物　未來—過去—現在
主體行動　他人行動—我行動（序列）	行動效果
主體狀態　我情緒—顯示處境意義	行動意義

◘ 主流文化的要求

盧怡任、劉淑慧（2013）認為：「主流文化的要求，是內在心理的運作或想像，其實也是表達人希冀處於某種處境。在期望處境中，人想像自己以某種方式與世界關聯，而此關聯乃是個人所欲求的」，因此，「即使是文化或內在心理的運作，仍要放在我他關聯的脈絡下來理解」。

然而，究竟什麼是「主流文化」呢？「主流文化」究竟是如何成為「自我」？儒家文化希望個人以「何種方式與世界關聯」呢？這個關聯是不是「個人所欲求的」呢？這些都不是「存在現象學」所關心的問題，他們對這些問題也沒有提出任何理論上的答案。存在現象學的目的在於，「描述人類經驗存有結構，從而避開傳統諮商與心理治療理論對心理實體的預設與解釋，並繞過後現代取向諮商對於主流文化的論述及解構」、「不從概念上爭論現代與後現代諮商理論之是非，而是直接『回到經驗自身』，讓經驗自身說話，揭露受苦經驗的本質」。

這兩位作者由其研究團隊中徵得三位成員，自願擔任受訪者，三位皆為女性，年紀在四十歲至五十歲間，皆有助人相關領域之博士學位，且目前皆在大學任教。然後用存在現象學的分析方法，由沉浸閱讀、找出關鍵詞、簡化文本、經驗主題描述、置身結構的描述、處境結構之存有學描述，分析三位受訪者之受苦經驗，分別繪出其置身結構圖。

◘ 清晰的「受苦經驗」

仔細比較這三位受訪者的置身結構圖，我們可以看出：詮釋現象學主張澈底的經驗主義（radical empiricism），它確實能夠比較清晰地描述受訪者的受苦經驗，例如：研究者描述受訪者 A 的置身處境是（如圖 3-4 所示）：

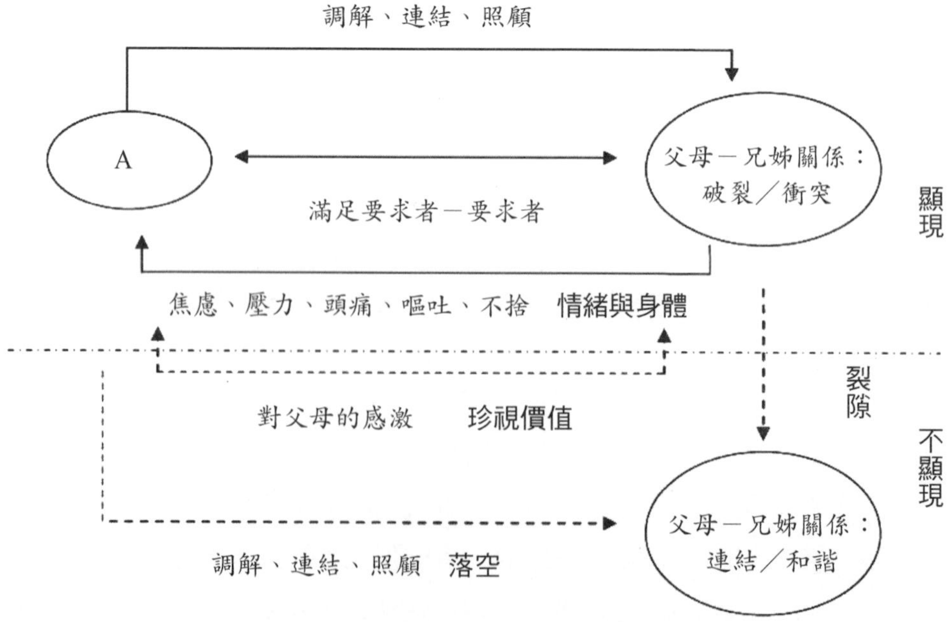

圖 3-4　受訪者 A 之置身建構圖

「此時 A 的身體與情緒則反映了 A 現在所處的處境與所期望的處境。一方面身體與情緒所出現的訊號，例如：頭痛、嘔吐、焦慮、壓力等，顯示出現有處境對A所造成的沉重負擔，已讓A無力負荷但又無能擺脫；另一方面不捨的情緒也顯示出A隱藏其對父母的感激，而此感激是為 A 所珍視的。懷著對父母的感激，A『調解、連結、照顧』的籌劃顯示了A期望朝向父母與兄姊間和諧與連結的處境，而這樣的籌劃卻是落空的。此時 A 面對的是現有『父母－兄姊：破裂／衝突』的處境，以及未來『父母－兄姊：連結／和諧』的處境之間的斷裂。」

研究者很客觀地描述他受苦的置身處境：

「處於兩個處境斷裂的裂隙中，A 覺得被困住而動彈不得。A 不願意接受現有的處境，卻也不知該如何才能到達期望中的處境。處於裂隙中的A感到困惑，不知何去何從，想要放棄一切以擺脫困境，但最終仍希望能找到方法到達期望中的處境。」

然而，受訪者該如何「籌劃」，以「離苦得樂」呢？這個「該」的問題涉及「價值判斷」，詮釋現象學只能「存而不論」。因此，用〈自我的曼陀羅模型〉來看，我們只能看到：「主流文化」中對於如何能滿足「人」的要求，使受訪者「受苦」；我們卻看不出：「主流文化」中是不是有哪一種「價值判斷」可以使受訪者A獲得「救贖」。受訪者該如何「籌劃」以脫離這樣的「置身處境」，是受訪者自己的事，研究者幫不上忙。研究者只能在旁邊，用詮釋現象學的方法，很清楚地分析他在這樣的「置身處境」中的「受苦經驗」。

回 倫理療癒的缺位

同樣地，受訪者B的妹妹死亡之後，研究者用詮釋現象學的方法，描述出她們的受苦經驗：

「對B而言，妹妹的死亡讓B處於三重的斷裂中，第一個斷裂是現有妹妹死亡的處境與期望和妹妹一起生活的處境間的斷裂，也可說是死亡與生命的斷裂；第二個斷裂是妹妹所置身之失敗者的處境與期望妹妹能脫離失敗者處境之間的斷裂；第三個斷裂是妹妹所置身之失敗者的處境與B所期望之沒有失敗的處境之間的斷裂。B處於三重斷裂的裂隙中，被困住而動彈不得。」

用本章圖3-2的「命格」來看，親人死亡是「莫之為而為，莫之致而致」的「命定之事」，個人似乎無可奈何。然而，從本文第一節對臺灣文化中「喪葬處理儀式」的分析來看，「主流文化」對於「親人亡故」也提供了許多「倫理療癒」的方法。可是，依照西方的學術傳統，對於「主流文化」的分析屬於「文化心理學」的範疇，無法帶進「詮釋現象學」的領域。即使研究者可以用「詮釋現象學」的方法分析「倫理療癒」的過程，但同樣不知道該如何把「倫理療癒」的方法帶入心理治療的場域（如圖3-5所示）。

回 「籌劃的落空」

再看研究者如何用同樣的方法描述受訪者B和其姪女之間的關聯：

「在B與姪女的關聯方面，B認為自己與姪女的連結也是疏離、空白的，雙方並沒有很多的機會可以見面，B在姪女的世界中也是呈現為『局外者』的關聯方式，因此B對於姪女的生活是有很多空白的。在這種關聯方式底下呈現出的情緒是不親密與遺憾，但另一方

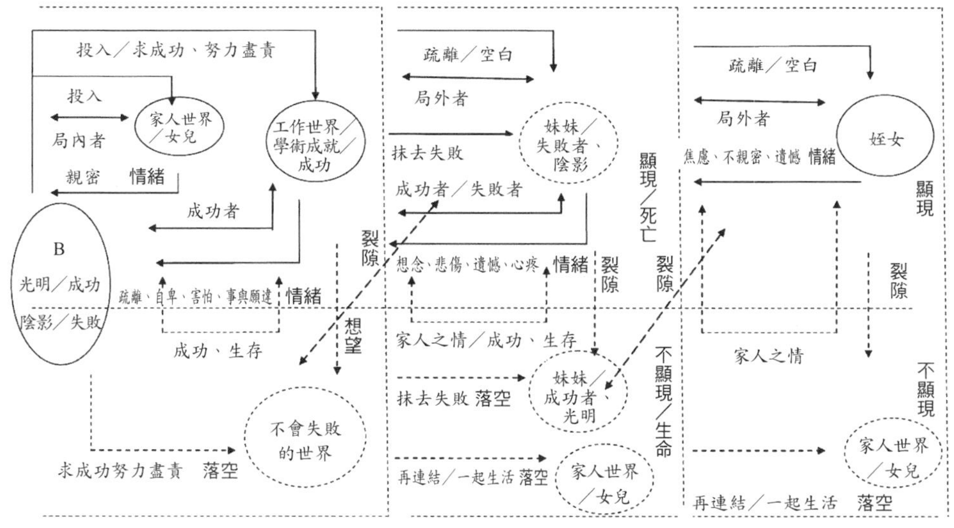

圖 3-5 受訪者 B 之置身結構圖

面，姪女所遭逢的危機也讓B感到焦慮，因為照顧姪女對B而言是一種責任，也因此情緒另一方面也呈現出 B 對姪女關愛的家人之情，這也是B所珍視的價值。B與姪女『再連結』的籌劃是期望能將姪女拉進自己的生活世界，將姪女放置於與女兒相同的位置，但這樣的籌劃目前是落空的。另一方面，B 與姪女的連結也象徵著 B 與妹妹的連結，B與姪女『再連結』籌劃的落空也反映了B與妹妹『再連結』籌劃的落空。」

針對B受訪者，研究者的結論是：

「B與姪女的連結象徵著B與妹妹的連結，B與姪女『再連結』籌劃的落空，也反映了B與妹妹『再連結』籌劃的落空。」

「B 處於二重斷裂的裂隙中而被困住，但與妹妹不同的是，姪女仍然活著，有機會改變目前之處境，而B也看到自己透過日常生活的互動來連結自己與姪女的可能性。」

然而，B「該」如何籌劃，以開展此種可能性呢？這似乎是當事人自己的事，B 沒有多談，吾人無從知悉，詮釋現象學對這樣的問題也不感興趣。

▣ 生活世界的轉換

和A、B相較之下，C的置身處境反映出另一種故事：在搬回婆家之前，C「所經驗的是一個單純而美好的世界」。在此世界中，圍繞在C身邊的人，她的學生大都屬於社經地位較好的人，家人則是C的肯定者與讚賞者，而C則是展現出成功者的姿態。她所珍視的價值，就是「努力」才能成功及維持受人讚賞的好形象，她珍視的價值也投射出她所認定的「未來之成功世界」。

搬回婆家居住之後，C的世界開始起了變化。婆家的家庭關係充滿衝突，C「現在任教的學校，學生的社經地位也不如先前任教學校，讓 C 看到許多在先前學校無法看到的學生樣態」。對 C 而言，此時的世界「不再單純美好」，但C仍堅持「努力就能成功」的籌劃，試圖去調解婆家的衝突，努力學做家事，但她調解衝突的行為也引來婆婆與小姑的不滿，認為 C 從中操弄，而C在家事上的無能也一直是她與婆婆衝突的主要來源，C也因而被認為是「壞媳婦」，並在夫家中形構出「被否定者－否定者」的關聯樣態。

回到婆家後至今已約十年，C 開始能理解婆家有自己的歷史、自己的家庭樣貌，也「理解公婆不僅對C嚴苛，對自己也同樣嚴苛」，並「能接受夫家的樣貌就是如此」。而在任教學校所接觸的學生，也讓C看到世界上「並非每個學生都能擁有好的父母、好的環境」，而「開始可以如實的接受她所看到的世界，並接受這不完美的世界才是真實的世界」（如圖 3-6 所示）。

「在此同時，C 也開始修正原先『努力就能成功』的籌劃，以『盡力而為』來面對其所處的世界，不再強求做個成功的媳婦、調解婆家家庭的衝突、改善家庭的氣氛，接受自己並非萬能，自己的能力

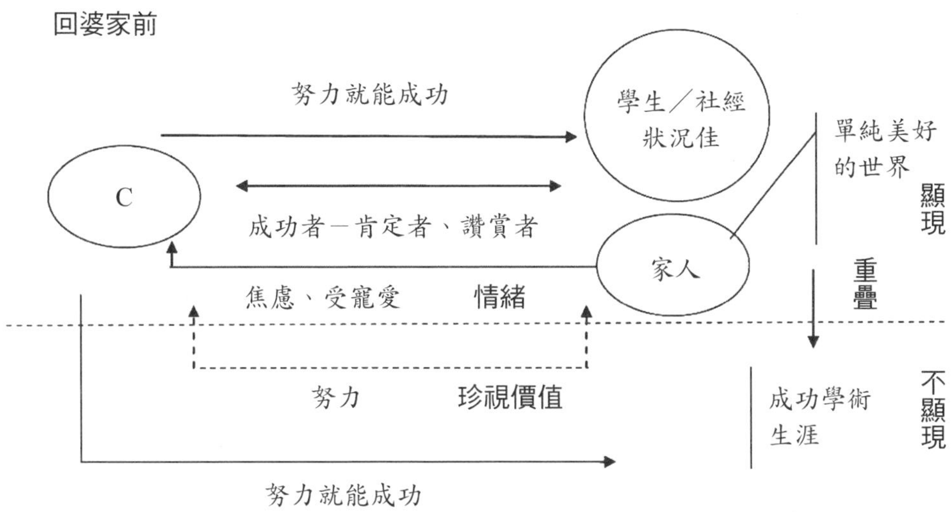

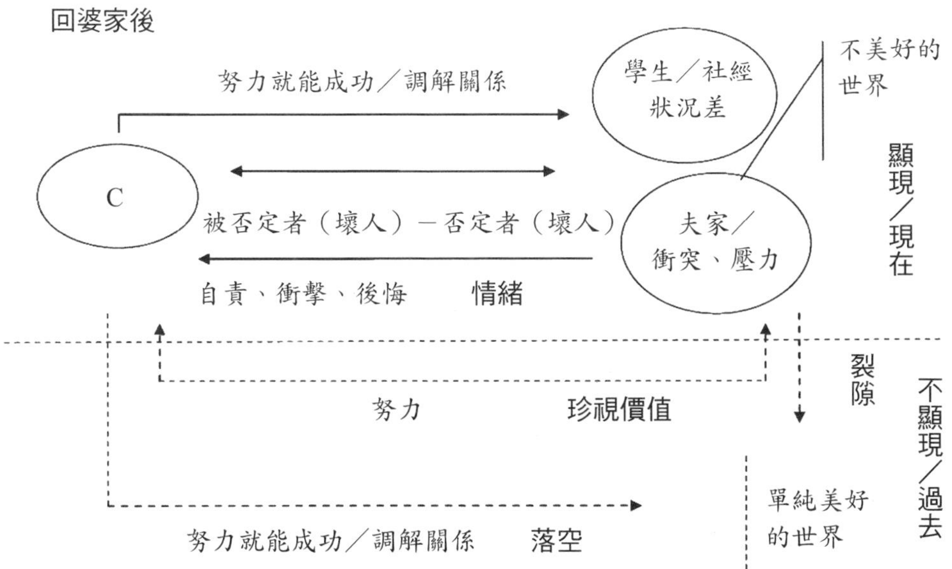

圖 3-6　受訪者 C 之置身結構圖

有所限制，很多事必須順其自然。C 珍視的價值已由『努力』轉為『盡力』，追求的已不再是完美的世界，而是朝向不完美但能接受的世界。此時C現有的處境與期望中的處境不像先前的斷裂，而是開始有所『接合』。」

▣ 倫理療癒的可能

與A、B兩位受訪者相較之下，C的生命故事讓我們看到了「倫理療癒」的可能。用本章圖 3-2 的「命盤」來看，C 原先的「置身處境」，是家庭、事業一切都順遂的「單純而美好的世界」。在這樣的世界裡，她所培養出來的信念是「只要努力就能成功」。嫁入婆家之後，一切都改變了。不僅「婆家的家庭關係充滿衝突」，現在任教的學校，也讓她看到許多不同的「學生樣態」。她試圖調解婆家的衝突，反倒被認為是企圖「操弄」，甚至被認為是「壞媳婦」。這時候，她才體認到「努力的極限」：個人「命格」的每一個面向，並不是都能藉由「自我的籌劃」和「努力的行動」而任意改變。

經過十年的調適，她終於學會「推己及人」，理解「公婆不僅對 C 嚴苛，也對自己嚴苛」，「夫家的樣貌就是如此」，她的處世信念也從「努力就能成功」，轉變為「盡力而為」。用本文主張的「倫理療癒」來看，C 所珍視的價值由「努力」轉為「盡力」，是具有十分重要的文化涵意。孔子說：「吾道一以貫之」，曾子說：「夫子之道，忠恕而已」，朱熹對這句話的詮釋是：「盡己之謂忠，推己之謂恕」，在儒家文化中成長的 C，早年在原生家庭中學到了「努力」的價值，但因為置身在單純而美好的世界裡，她並沒有體會到「命運」加諸於人的侷限。嫁到夫家後，她才體會到生命情境中有許多事情確實是「非人力所能為」。而學會「推己及人」的重要性，讓她能夠「朝向不完美但能接受的世界」。

從上述這三個案例的比較中，我們已經可以看出：在儒家文化中，施行

「倫理療癒」的重要意義。更清楚地說，現象學者針對個人主義發展出來的詮釋現象學移植到東方社會，固然能夠幫助我們看清楚個人的「置身處境」，但它並不提供任何「籌劃」的方法。唯有使用「多重哲學典範」，針對儒家文化傳統建構「含攝儒家文化的理論」，才有可能看出儒家「倫理療癒」的主要方向。

柒、價值中立的敘事諮商

「敘事諮商」和「優勢中心諮商」都是所謂「後現代諮商」的方法。前者和詮釋現象學一樣，強調當事人的自主性及「價值中立」；後者則旗幟鮮明地要求引入某些價值觀。我們可以用這兩者的對比為例，來說明本文主要的論點。

▣ 自我認同的結構

在〈敘事諮商中當事人自我認同轉化歷程之研究〉一文中，林杏足（2013）指出：自從懷特與艾斯頓（White & Epston, 1990）共同創立敘事諮商與治療方法以來，它迅速發展成為當今重要的諮商與治療理論之一。有別於既有的諮商理論，敘事諮商奠基於後現代主義思潮及社會建構主義的立場，不強調評估及診斷個案問題，也不依賴諮商師的專家權威，而相信案主能夠主動建構並解釋其生命經驗。從敘事諮商的角度來看，諮商是案主與諮商師合作的對話歷程，從對話中，個體能夠由受到「文化敘事」影響的單薄敘事，逐漸發展出多元豐富且令自己滿意的故事。

敘事諮商主張：每一個人的生活都是社會建構的結果，個人會在社會文化互動中建構並形成意義，「自我」（self）則會經由故事述說，而不斷地創造與更新，社會中的其他人也會經常涉入這些故事敘說的互動中，共同組織成我們生活的真實事件（Freedman & Combs, 1996）。在關係和歷史脈絡中，個人的自我認識與自我認同並非固定不變的結構，而會呈現出一種不斷變動、更新與創造的多元意義。在人際互動與對話當中，自我認同被賦予及創造出意義，而開展出許多不同的面向與可能性（Porter, 1997）。

▣ 文化敘事

在敘事諮商中，雖然人是說故事的主體，是故事中生活意義的詮釋者，但也受到文化敘事（cultural narratives）的巨大影響。弗里德曼與柯伯斯（Freedman & Combs, 1996）認為：社會論述／權力會在無形中監控著個人的生命經驗與自我認同，經常決定並壓迫個人用何種角色和立場來述說自己的故事。許多前來諮商的當事人經常為符合其生存社會之規則，描述的故事都是「充滿問題」的故事，其主要故事（dominant story）的內容充斥著悲慘、痛苦的負向語言和隱喻，而形成單薄的故事，以及負向的自我認同（White & Epston, 1990）。被主流論述所主宰的個人經驗，因而經常失去自己的聲音，被社會邊緣化（Pare, 1999）。敘事諮商工作者相信：問題故事不會是當事人的全部，亦不預設諮商應朝固定方向前進，其目標即是經由合作與對話，打開經驗的各個面向，協助當事人發現在他們生活的故事裡被忽略的情節，重新活出他們所偏好的故事，再藉由重寫自己的生命故事，豐厚其自我理解與認識，形成正向的自我認同（Combs & Freedman, 2004; White, 2007）。

敘事諮商對於所謂的「文化敘事」（cultural narratives）並沒有再做進一步的分析，便逕自假設：所有的社會論述／權力，都會在無形中監控著個人的生命經驗與自我認同。這個說法基本上是正確的。如用〈自我的曼陀羅模型〉來看，所謂「社會論述／權力」可以視為社會對「自我」做為「人」（person）的要求。在「自我」的「現象場」（phenomenological field）中，它經常與源自於「個體」（individual）的「慾望」形成反方向的拉力。然而，是否所有的「文化敘事」對個人都會成為「主流論述」，對個人造成負面影響，使其「失去自己的聲音」呢？

這個問題的答案顯然是否定的。因為儒家的修養理論基本上也可以看做是一套「文化敘事」。本文所要強調的是：以儒家修養理論做為主要內容的「文化敘事」，形塑出來的社會「人」對「自我」應當會有正面的引導作用。

▣ 儒家的修養理論

以儒家的修養理論與敘事諮商相互比較，我們馬上可以看到兩者的不同之處。敘事諮商不預設諮商的方向，它希望藉由「合作與對話，打開經驗的各個面向」，協助案主「活出他們所偏好的故事」，這裡我們已經隱然可以看出西方個人主義文化的影響。但儒家的修養理論則不然。儒家修養的目的，雖然也希望案主能「重寫自己的生命故事，豐厚其自我理解與認識，形成正向的自我認同」，可是，儒家的修養是有方向的。

林杏足的研究以三名女大學生做為研究參與者，分別接受七至九項的敘事諮商。從她們敘述的生命故事，可以看出：敘事諮商基本上是諮商師與當事人共同建構故事的對話過程。它強調合作、平等及「去中心」的諮商互動關係，希望塑造出一個無病理觀、非缺陷論的諮商關係，透過視「當事人為專家」的態度，開展齊心協力的伙伴互動，以創造生命經驗轉換的可能性（Anderson, 1997, 2001）。因此，諮商師要將自己定位於「遠離中心但具影響力」的對談位置（White, 2007），以對當事人經驗好奇的方式邀請當事人進入對話。同時，諮商師應透過對自身的專業和權力的反思與自我監控，將自己各種文化及社會信念、假設和行為對當事人的可能影響性透明化，以減少權力關係的壓迫（Payne, 2006），致力於形成權力和責任分享的合作關係（Winslade & Monk, 1999）。

依照儒家的修養理論，諮商師是扮演「師」的角色，他並不是要與案主「共同建構故事」，而是要協助案主「籌劃未來的行動方案」。他對當事人經驗的探問，不是出自於「好奇」，而是出自於「仁心」；不是為了「要知道」或「想知道」，而是為了協助對方「籌劃未來」。他必須澈底了解自己的文化及社會信念。他知道自己所扮演的角色對案主具有一定的影響力，但是他必須尊重案主「為自己擘劃未來」的權力，並儘量避免在雙方互動的過程中造成權力的壓迫感。他必須經常提醒案主：唯有案主自己才能擘劃自己的未來，諮商師只能在其籌劃過程中扮演協助者的角色，案主必須為自己的籌劃擔負起所有的責任。

捌、價値涉入的生涯諮商

「優勢中心取向生涯諮商」和「敘事諮商」並不相同，但與儒家的「倫理療癒」卻有若干共同之處。敘事諮商不強調評估或診斷個案問題，也不依賴諮商師的專家權威，而相信案主能夠主動建構並解釋其生命經驗。優勢中心取向生涯諮商則不然。依照王玉珍（2013）在〈優勢中心取向生涯諮商歷程與改變經驗之敘事研究〉一文中的說法，所謂「優勢」（strength）是指「能幫助讓個體對生命感到滿意、滿足，有意義感及因應生命的力量」。它跟「天賦」不同之處，在於「優勢是後天培養的，可以選擇、學習與鍛鍊」。

這個定義跟孟子所主張的「盡心知性以知天」或「永言配命，自求多福」是十分相像的。在孟子的語境裡，所謂的「性」、「命」，都是指個人的「天賦」；「盡心」、「自求多福」則是全力加強自我的「優勢」，以妥善處理個人生活世界中所遭逢的各項問題。

▣ 諮商與價值判斷

優勢中心諮商是諮商師運用個人的「優勢力量」，以促進當事人改變，目的是幫助當事人發展「優勢與正向經驗」，增強其存在能力，並能應用於未來的生活，而這跟「敘事諮商」並不相同。「敘事諮商」不預設當事人敘事的內容與方向，它跟詮釋現象學一樣，不做任何的價值判斷。然而，在「優勢中心諮商」一詞中，所謂的「優勢」，便已經蘊涵有價值判斷的成分，例如：彼得森與瑟里格曼（Peterson & Seligman, 2004）以智慧與知識、勇氣、人道與愛、正義、修養，以及心靈的超越等六類美德為架構，提出二十四種優勢特質，擁有「目標」是其中之一；而佛曼與亞侯拉（Furman & Ahola, 2007）提出再團隊化（reteaming）策略，透過人際合作方法，找到具體的生涯目標以採取行動，步驟有描述夢想、確認目標、確認支持夥伴、描述此目標的益處、檢視已做到部分、設想目標進程、想像挑戰、提振信心、承諾、後續追蹤、退步準備，以及與夥伴分享成功等。

乍看之下，諸如此類的優勢中心諮商方法，似乎與儒家所說的修養十分相似。然而，仔細思考優勢中心諮商所強調的「美德」及其「再團隊化」的策略，我們不難看出：這仍然是一種個人主義文化的產品，並未曾考慮儒家文化的特質。用我所建構的「含攝儒家文化的理論」來看，它只停留在〈自我的曼陀羅模型〉的層次，沒有特別考慮各種不同「關係中的人」（person-in-relations），更沒有思考跟某一件事「有關係的人們」（persons-in-relation）。

◘ 自我反思的三重結構

德國文化心理學者埃肯斯伯格（Eckensberger, 1996, 2012）所提出的行動理論（Action Theory），將「自我反思」（self-reflection）分為三個不同層次：「世界取向」（world-oriented）、「行動取向」（action-oriented），以及「主體取向」（agency-oriented）。曾子曾經說過一句名言：「吾日三省吾身，為人謀而不忠乎？與朋友交而不信乎？傳不習乎？」前文提到，「盡己之謂忠」、「為人謀而不忠乎？」、「與朋友交而不信乎？」，其反思的焦點在於自身的行動是否「盡己」，此可稱為「行動取向」的反思（action-oriented reflection）。「傳不習乎？」則是反思個人在人生中所要走的「道」，此稱為「主體取向」的反思（agency-oriented reflection）。王玉珍（2013）的論文舉了四個例子，以敘事研究的方法，說明「優勢中心取向生涯諮商」中當事人的改變經驗。我們可以取其中一個例子，放置在儒家修養的理論脈絡中，重新加以詮釋。

成翰三十八歲，育有兩個學齡兒子，目前協助父親經營家庭企業。他在家中排行老么，上有兩位姊姊和一位哥哥，從小父母管教嚴格，由於家裡小孩眾多，成翰經常感覺父母親不想多花時間在自己身上，「自己似乎是可有可無的」。然而，成翰從小乖巧，許多決定都順從父母。他也發現：父親對待哥哥的態度比較平起平坐，跟對待自己不一樣；因而凡事與哥哥比較，希望能跟哥哥一樣，獲得父母親的平等對待。

▣ 父親的陰影

成翰國中時，羽球成績是全國排名第八。當時曾考慮要升學或者繼續打球，那時老師聽由他自己決定，成翰心裡認為：父母親一定不希望自己繼續打球，結果他決定順從父母的意思。大學畢業後，考量家中經濟較不寬裕，就打消出國念頭，服完兵役後直接找工作。從事保險業務時也想到：若家裡有需要，這份工作可馬上停下來。

為了要獲得父母的認同和肯定，成翰為家裡做了很多事情，像是哥哥大學到外縣市就讀，比較少回家，家裡只剩下成翰一個男生，他經常有「如果自己也離開這個家，這家就會垮掉」的感覺。

兩、三年前，成翰決定回家接下父親製作電熱線的工廠，與父親的互動更密切頻繁。與父親一起工作時，成翰感覺自己的努力經常受到否定。因為雙方互動頻繁，成翰複雜的情緒也不斷的被翻攪。幾次生涯抉擇都是以父母需求或期望為優先，現在覺得應開始「思考自己想過的生活」，只是機會到了，卻發現「自己好像沒有特別喜好，看不清楚想要的是什麼」。

用海德格的「存在哲學」來說，人是一種「在世存有」（being-in-the world）。然而，光只談「在世存有」卻不足以說明華人文化的特性。海德格說得不錯：個人是被「拋擲」到這個世界中的，從個人有「自我」意識開始，便已經存在於這個世界之中，他的文化同時也決定其人際關係的結構。用本章圖 3-2 的「命盤」來看，成翰「生活世界」中與他「有關係的人們」（persons-in relation），除了父母親之外，還有哥哥和姊姊。當他接受「優勢中心」的諮商時，他先做「世界取向」的反思，發現自己從「過去」到「現在」的生命處境，以及他所面對的難題是：在「父為子綱」的文化傳統之下，父親的形象構成了「巨大的」陰影。然則，他要如何走出這種陰影呢？

◘ 目標的籌劃

過去的研究結果顯示，目標導向的優勢諮商可分為五大階段，分別是：（1）工作目標的形成與具體化；（2）探索成功經驗／對他人益處與意義；（3）探索目標的意義與價值；（4）重新建構意義的目標，以及（5）促進／抉擇／問題解決／行動。在第一階段，必須先請參與者敘說生涯的困境，由諮商師與參與者一起分析，將困境轉換為已經解決的、已經完成的、符合自己想望的理想或夢想，從中建構諮商中可以工作的目標，協助參與者以想望需求的方向進行探索。第二和第三階段的任務是協助當事人提振信心和建立資源，包括探索過去相關的成功經驗、完成此目標對自己和他人的益處，以及探索目標的價值與意義。第四階段是協助其重新建構有意義的目標，第五階段則為展開行動／抉擇與問題解決。

依照這樣的概念架構，成翰回憶過去大學時代曾參與教育部攜手計畫，進行國中生營隊團體輔導，從中獲得不少成就感。若是能以自己的輔導經驗結合孩子教育，應當是值得追求的成就。對成翰而言，若是能完成此一目標，受益人會是太太，因為她不喜歡去探索、自我了解，透過此一活動能讓太太有更多參與。因為太太是自己和孩子生命中重要的人，雖然沒有特別做什麼，但非常尊重成翰的決定。

成翰發現：達成這項目標的另一項意義是「不希望孩子經歷自己小時候壓抑情感的缺陷」，在諮商過程中，他覺察到：「自己教的不只是兒子，也在教小時候的自己」，對自己有所彌補，這是更深層的發現。

◘「放下心中的籠罩」

在第三次諮商中，成翰發現：過去自己一直努力去完成別人的夢想，像是小時候完成父母的期待、長大想完成朋友的，即使現在想完成太太或是孩子的夢想，也無法真正「擺脫」父親的影響。成翰聯想起許多過去的相關經驗，看見了這個籠罩，自己也嚇一跳，心情反而感到輕鬆。在諮商中，也看見對關係的需求，過去因為選擇「被籠罩」，好像沒有辦法長大，所以才一直停留在無法得到父親關愛的痛苦中。透過對目標的詳細探索，成翰因而覺察到父親的複雜情緒，到重新理解這個議題，進而將它「放下」。

「優勢中心生涯諮商」能夠幫助成翰做「世界取向」的自我反思，了解自己由「過去」到「現在」的生命處境；同時也幫助他做「行動取向」的行動方案。然而，在這篇論文中，研究者完全沒有討論此一行動方案所具有的文化意涵。更清楚地說：成翰跟父親的關係，蘊涵了一種「父為子綱」的「絕對倫理」；而成翰在「優勢中心生涯諮商」所建構出來的親子關係，卻是符合「父慈子孝」的「相對倫理」。成翰「放下心中的籠罩」，決定重新安排他跟孩子之間的關係，不僅對他個人有意義，而且還具有文化變遷的重大意義。如果沒有「含攝儒家文化的理論」，研究者便很難看出這樣的文化意涵。

成翰雖然長期生活在父親「巨大的」陰影底下，長期以來，他一直順從父親的要求，兩人之間並未發生明顯的衝突。從本章圖 3-2 的「命格」來看，他的社會經濟地位良好，也有不錯的學歷背景，他所面對的生命情境也相對簡單。

玖、含攝文化的倫理療癒

不論是「敘事諮商」或是「優勢中心取向生涯諮商」，都是「個人主義」文化的產品，它們所關注的焦點，是個人的「自我認同」或「生涯發展」。用〈自我的曼陀羅模型〉來看，它關注的焦點，在於做為「理想我」（ideal self）或「先驗我」（transcendental self）的「人」，而沒有考慮儒家文化中的「在世存有」，或個人現在及未來的「命格」。倘若我們將本文析論的幾個個案放置在我所建構的「含攝文化的心理學理論」來加以解釋，我們應當更能夠看出這些案例的意義。個案在敘說自己故事的時候，觸及的層面愈廣，他願意提供的訊息愈多，我們就愈能夠看出文化理論的作用。

在〈失根的大樹〉一文中，邱獻輝、葉光輝（2013）的當事人是心理學中所謂的「親密暴力殺人者」。研究者用所謂的「建構主義」訪問方法，取得其合作，並記錄下其「生命敘說」。與前一則生命故事兩相對照，我們不難發現：兩人的「命格」有極大的不同。我們不妨再從埃肯斯伯格（Ecksensberger, 1996）所提出的「三層次的反思」，來說明儒家倫理療癒的意義。

◘ 失根的「公弟」

在做「世界取向」的自我反思時，當事人覺察到：他的原生家庭因為貧窮，子女又多，當事人一出生就被父母送給隔壁村的友人領養。因為養母早逝，家裡就剩養父跟阿嬤而已：

> 「講難聽一點，回去就把家當旅社……就像單親小孩吧……我覺得自己缺乏一個正常家庭，沒有媽媽每天督促。畢竟我是別人的孩子，照顧也只是讓我不要餓到、冷到……雖然後來養父和阿嬤是我最大的依靠，但是最基本的依靠還是需要媽媽，只是我對養母也沒什麼印象……」
>
> 「當時我舅媽（童養媳）房間有竹子、布做的搖籃，我就睡那裡，他們還沒結婚生子，我就好像他們的大兒子……大家都說我是『公弟』，到處都有東西吃，哪個地方先煮好，我就在那裡吃飯。」
>
> 「國小六年級時，舅媽因為公安意外死亡，舅舅對著我說：『你又少了一個媽媽了……』」

諸如此類的經驗讓當事人很早就察覺到自己的身世，並對養父母的家庭產生疏離感：

「我曾經想：為什麼親生父母要把我送養？不要我了嗎？……國小時我親哥哥也在那個小學，大家不清楚，會講些有的沒的，就會指著我說：『這個人就是送養的』、『那個就是你哥哥』之類的話……我自己認為：這樣就是比較不正常，因為『大家都是自己孩子自己養，你們家的孩子就要給別人養』，『就感覺比較不同，覺得彆扭』。」

了解了自己的身世，他也會想跟自己的親生父母聯繫，但是阿嬤知道了會阻止：

「我阿嬤會灌輸我：都已經來我們這邊了，最好不要回生母家去。她擔心我會跟這邊比較不親，但是養父不介意，他覺得過年過節也要回去看一下生父母……其實我自己也會跑回去看看，不要讓阿嬤知道就好了。」

在這種矛盾的感情中成長，當事人開始學會適應自己的生命處境：

「漸漸懂事後，了解到大人把我送養，也是很痛苦，實在養不起！家裡人口多，如果我留在那裡，不一定比送養好，畢竟家裡資源有限，分配到的也有限；但是我被送養，養父那邊的資源都我的。」

◘ 欠負的恩情

這樣的家世背景，培養出當事人「凡事靠自己」的習慣：

「國二之後就很少跟養父拿錢。我們家境不好，養父是工人，我都利用寒暑假去做泥水工、小工、板模，雖然累，但是當時有體力，有做就有生活費，甚至學費就有了，要買什麼就賺錢買，不需要向他開口。我姊夫若有缺人，就叫我禮拜天去幫忙，就可以獨立賺錢，很有成就感！漸漸的就固定去幫助，寒暑假有缺人力就去。……我秉持不跟家裡拿錢、不增加家裡負擔為原則。」

當事人讀國中時，雖然成績不錯，但卻未能如願考上師專。讀專科學校時，甚獲老師肯定。畢業後結婚，兒子出生，卻因為考慮到要回報養父與阿嬷的養育之恩，希望能讓他們享受親情及含飴弄孫之樂，而決定留在家鄉：

「我不敢開口講要去臺北的事。如果我堅持，他也是會讓我走，只是我是養子，從小在這裡，人家把我養到那麼大，欠人家一個恩情，他們身體也比較差了，不知道可以拖多久？如果去臺北，勢必放兩個老人家在鄉下，不放心啊！」

儒家的「相對倫理」強調「父慈子孝」，父母親如果以「慈愛」的態度對待子女，子女感恩於心，自然會表現出「孝順」的行為，以做為回報。當事人雖然知道他並不是養父的親生子女，但他認為：養父「把我養到那麼大」，我「欠人家一個恩情」，現在養父和阿嬷兩人年紀大，若是把兩個老人家放在鄉下，自己跑去臺北，不僅自己「不放心」，而且鄉村社區的街坊鄰居、親戚朋友，彼此見面時，總會說三道四，評估他人的行為，也構成了當事人心理壓力的來源：

「考慮到鄉下人的輿論，街坊鄰居、親戚難免說我不孝，鄉下地方閒閒的人很多，說三道四的人都會有。即使我人在臺北，但總是會回去，還有朋友、親戚會聯絡啊，這也是一個很大的壓力。」

▣ 支柱的喪失

「凡事靠自己」的性格，讓當事人「把說不出的苦」都藏在心裡。他跟養父和阿嬤之間雖然很少有言語溝通，彼此卻有很強烈的感情連結，讓他離不開他們：

「退伍一年半，養父過世對我的打擊很大，以前雖然工作很累，可是回來至少會找個人聊聊，雖然不是很常聊，但是看到彼此多少會講一下，畢竟在我成長的過程中，他都對我很好。專科時我有駕照，如果要去親戚朋友那兒，我們倆都騎一台機車，他喝他的酒，我就載他回來；親戚朋友都說我們兩個好得像兄弟一樣。其實那種感覺不是用言語來表達，而是用眼神啊、用肢體來表達。雖然他那時候已經生病，我負責照顧他，但是我還是很心甘情願；他突然過世了，我就覺得失去一個很重要的支柱啊。」

「過一年換阿嬤，年紀大了，算壽終正寢，八十多歲，又失去一個……雖然我們很少講話，但是有必要的時候還是有個人可以講講心裡的話。」

當事人生命中兩個最重要的情感支柱相繼去世，他身體的健康也出現了狀況：

「接下來就是快要發生這個事件了，隔年年初開始覺得身體好像有問題，整個身體左半邊沒辦法像以前使力、做粗重的工作，我去看病、接受一些療法，看西醫也只是開個止痛藥，再加上睡眠不夠，情況愈來愈嚴重，我每天還是要工作，漸漸的身體就比較不協調，後來愈來愈……我又沒辦法找別人講，愈隱瞞心情就愈糟……」

▣ 多重壓力下的「解脫」

用圖 3-2 的「命格」來看，在當事人發生「殺妻後自殺」的時刻，他是處在多重壓力之下：他不僅喪失了多年來感情依附的兩個對象，而且身體健康跟著出狀況，而影響到他的經濟收入。更糟糕的是：他又有「男主外、女主內」及「愛面子」的傳統思維：

> 「我總是認為：這個家庭就是要我來承擔，我從小就認為一個家庭的形成，就是要男人賺錢回來負責這個家庭。怎麼可以讓一個女人出去工作？……每件事情我都認為我來處理就好，妳就家裡管好，孩子管好就好，金錢、經濟我去處理。」
>
> 「我也很少跟她講我的想法，可能是我比較大男人主義吧！她也沒錢啊！我們家的經濟都是透明的，兩本存簿拿來還是沒錢啊！說難聽一點，跟她說不就製造她的困擾？她如果想幫忙，也要去跟朋友還是家人開口，事情就暴露啦！被家人知道我不會賺錢。」

跟妻子之間很少溝通，又不願意向親友求助，「凡事靠自己」的性格讓他把所有的壓力都集中在自己身上，他的身體狀況卻讓他無法再「籌劃」自己的未來：

> 「當時我一直找中醫推拿、浸泡草藥，但是都沒效，所以真的很慘，沒有辦法上班賺錢怎麼辦？老婆小孩怎麼辦？就這樣愈來愈鑽牛角尖，很難過，愈擔心就愈慘！發生事情的前一天，我在上班，心裡就想著：『啊！乾脆去死算了。』可是我一死，老婆和小孩要怎麼辦？於是有想說：『不如一起去死，那他們也就不會苦了！』」

為了要執行這樣的「解決方案」，他先把自己喝醉：

「那晚回去，我也喝了一些酒，不是心情壞，可能是想壯膽吧！當時他們都先睡了，十一點多我喝一喝上樓去，就都把他們都殺死了，我也自殺，結果第二天下午竟然我沒死……我的腸子都跑出來了，你說要怎麼辦？竟然還活到現在，痛苦啊！我也是真的很艱苦啊（搖搖頭，嘆氣）！一切都空了……」

在當事人口中，他的妻子是個乖巧的女人。依判決書的記載，鄰居在案發前後並未發現他們有夫妻吵架的情形。他身上的許多傷疤顯示：行兇當時，他求死之意甚為堅決。初審法官認為他行兇的原因是「精神耗弱」而判他「無罪釋放」。

「我被判無罪釋放，我丈人、丈母娘、舅子無法接受，也不原諒我，打官司期間他們找不到我，所以常到我堂嫂那邊騷擾。」

他也無法原諒自己，不僅對自己的妻子、兒子感到極度歉疚，又不知如何面對親人的眼光。他住在堂兄、堂嫂家裡，數度企圖自殺，親人無法處理，只好報警，將他強制送醫治療：

「我在○○治療兩個月，總算有比較大的轉變，他們很專業，那是教學醫院，有我的專屬醫生、一群住院醫師在照顧我，幫我安排諮商、評估、二十四小時監控，每個值班護士都只負責四到六個病人而已……他們開導我：『你死了這麼多次，就死不了，上帝也好、佛祖也好，祂不讓你死，一定有祂的原因；或許你這個人還是有用的地方……讓你留著，讓你有贖罪的機會也說不定啊！』他們一直強調憂鬱症會好，拿很多歐美研究資料讓我們看，沒有他們的鼓勵，我一定會先放棄，事情搞得這麼嚴重，我能怎樣？我後來也就覺得：上天要留我一定有祂的道理，就讓自己再試試看吧。我開始較有動力，好吧，既然該打官司就打吧！這段時間日子還是要過，所以我就去找工作。」

本文一開始即提到：中國人對於「天」及「鬼神」信仰的雙重結構是儒家倫理的形上學基礎。在這個案例中，「上天要留我一定有祂的道理」，變成當事人活下去的主要信念，也讓他有機會「盡力」修復業已殘破不堪的「倫理」關係：

「更三審定讞被判無期，我丈人對我比較沒敵意了，可能是在我太太過世五、六年後，風俗上土葬後要撿骨，他們就說要整修，我也不知道怎麼回應，我丈人才開口：如果我有這個能力修墓。我才請堂嫂轉交三十萬給他。」

被判「無期徒刑」是法律要求個人為他所做過的犯罪行為負責。他的丈人因此對他「比較沒有敵意」。並且在他妻子過世五、六年後提出修墓的要求，他「請堂嫂轉交三十萬給他」，自己才稍稍能夠恢復「心理社會均衡」，而能夠反思過去自我與外在世界的關係應當如何安排比較合理：

「如果一開始想得到，事情就不會這樣發生了，當初如果我有說出來，即使沒賺錢，安心養病，一個月就算要倒貼三萬，半年才十八萬，隨便也能周轉過去，就算沒存款，別的地方也可以去周轉啊！人生以後再賺來還，事情也不會搞成這樣；或者孩子可以讓別人帶，太太也可以去賺錢啊！她也是有謀生的能力啊！退一步想一切就改觀了。」

「比較幫忙的是團體，最近到這邊（家暴專獄），老師有上課，多少就會思考一下，現在覺得也不是男人就一定要負責整個經濟擔子，也可以夫妻兩個人都出去打拼啊！但丈夫也要相對的付出，像以前家內工作都是太太在做，丈夫也可以做啊！幫忙拖地、倒垃圾、洗碗筷，不能上班回來就是看電視、做大老爺，她也很辛苦啊！」

在這個案例裡，最值得吾人注意的是：在殺妻案發生之前，當事人是用「夫為妻綱」的「絕對倫理」在要求自己，而不是要求妻子。在「家暴專獄」裡接受團體治療期間，他反思自己過去與家人之間的倫理關係，才醒悟到：夫妻之間關係的合理安排，應當是雙方都能夠「推己及人」，並為此一關係「盡己」的「相對倫理」。覺察到這一點之後，當事人開始有能力做「主體取向」（agency-oriented）的反思，籌劃自己未來的「人生之道」：

「我也會在意當我們出獄時，別人怎麼看我？其實我在裡面也會想、並且做返家的準備，畢竟住了十幾年了。有些出獄牢友寫信回來也說外面的世界跟我們想像的差很多，現在社會改變很大……其實我都有注意報紙，以前我工作附近都有在徵人，我只怕不健康而已；只要雇主能提供住宿、餐飲，一個月要扣多少錢都沒關係啊！先求個溫飽，以後再來打算；現在沒人可以提供我經濟支援，只好先靠自己；一定要先穩定下來，才可能進一步創業。」

在這個案例裡，最值得我們注意的是：當事人被強制送醫治療期間，醫護人員開導他時，讓他回心轉意，並相信「上天要留我一定有祂的道理」，所說的那一段話，他的丈人對他所做的贖罪要求，以及他對「自我」與家人關係所做的倫理反思。

拾、關係脈絡下的靈性因應

將賈紅鶯、陳秉華、溫明達（2013）所寫的〈年輕癌婦的家庭衝擊與靈性因應：關係脈絡下的身心靈〉一文，放置在本文的論述脈絡中來看，立即會產生出一個極為重要的學術議題：本文第二節指出，前臺灣的文化（乃致於絕大多數華人社會的文化）是儒、釋、道三種文化傳統和西方現代文化的混合體（hybridity）。在西方基督宗教被移植進入臺灣社會之後，對於華人文化傳統中的「天」及「鬼神」雙重信仰之結構，會發生什麼樣的影響？這種外來的宗教信仰對儒家社會所重視的倫理關係，又會發生什麼樣的作用？

◘ 系統思維

賈紅鶯等人（2013）的論文，是以西方的家族治療做為其理論基礎，而家族治療又可以追溯到 1960 年代風行一時的「一般系統理論」（general systems theory）（von Bertalanffy, 1968）。從事家族治療的學者大多採取「系統思維」（systematic thinking）的方式，認為個人必然和其所在的關係脈絡持續互動。要理解個人行為，必須著重個人所存在的「脈絡」，若排除個人所存在的脈絡，即無法對其行為產生真正的理解（Liddle,1987）。系統思維將家庭視為一個完整的機制，其成員是一群互相關聯的生命；欲解釋家庭現象，必須以個人與家庭成員間的互動，來討論其組織、動態及歷程。

系統思維將個人出現的生理與心理「癥狀」，都看做是家庭功能運作的反應。癥狀不是個人的，而是代表整個家庭系統的，出現癥狀的病人稱為「被認定的病人」（identified patient），若要進行處遇及改變，也不能只是針對個人，而必須針對整個家庭系統。唯有家中每個成員都產生變化，並且持續進行交互作用，改變才能持久。

過去的心理治療傾向於對人類生活世界的事件做線性思考（thinking in lines），認為過去事件的病「因」，造成疾病或問題的「果」——「由 A 致

B」。系統思維則引入循環思考（thinking in circles），關切彼此間的互動所產生的後果。家庭系統觀認為「相互性」（reciprocity）是人際關係的準則，例如：早期的策略學派提出「癥狀功能」的論點，認為不僅是家庭關係會影響疾病與癥狀的產生，疾病也同時會影響家庭互動。

⊡ 靈性與宗教

家庭治療採取系統思維的方向是正確的。然而，個人主義文化中所產生的「家庭治療」卻不會正視非西方文化的內涵，例如：羅蘭德（Rolland, 2005）結合家庭系統思維與臨床生物醫學所建構的「生理—心理—社會」（bio-psycho-social）模式，代表了此種理論取向的一種概念架構；萊特、華特森、貝爾（Wright, Watson, & Bell, 1996）所提出的「生理—心理社會—靈性」（bio-psychosocial-spiritual）模式，則在此一思維方向上加入了「靈性」的考量。這兩個模式雖然都談到「文化」，但都沒有進一步探究「文化」的意義，更沒有人深入思考中、西文化的根本差異。這一點，尤其是西方學者在「生理—心理社會—靈性」的思維架構下做所謂「靈性」的考量時，可以看得更為清楚。

賈紅鶯等人的論文引述了許多西方學者對於「宗教性」或「靈性」的定義，例如：索瑞森（Thoresen, 1998）將宗教性（religiousity）界定為：「一個人為了尋求神而獻身組織或機構所持守的信念、價值與活動」；美國的「國家健康照護研究所」（National Institute of Healthcare Research）則將靈性（spirituality）定義為：「經由任何經驗或管道而尋求成聖（sacred）或尋求神」。正如美國心理學之父詹姆斯（William James, 1919）在其名著《宗教經驗種種》（*The Varieties of Religious Experience*）中，將之定義為：「個人所理解的神的感覺、行動與經驗」。賈紅鶯等人（2013）指出：「因為大多數宗教機構之目的都在於追求靈性，有宗教信仰的人於此分別也就自然很模糊」，他們引述《美國英語傳統字典》（*The American Heritage Dictionary of the English Language*, 1992）的定義，將靈性界定為：「一種在世存在的方式，承認存在的生命是想要與一個超越的或是更高的力量有連結。靈性使人能夠朝向希望、愛、超越、連結與慈悲的方向，而宗教是指人透過社會或是機構、組織表達出他的靈性」。宗教的表達涉及宗派，是外顯的、公開的，而靈性是個人內在的、自發的，也是私有的（陳秉華、程玲玲、賈紅鶯、李島鳳、范嵐欣，2010）。

▣ 普化的宗教

從這些論述中，我們可以很清楚地看出：這三位作者所談的「宗教」，是指源自於西方的基督宗教，而不是中國的宗教。為了反駁韋伯（Weber, 1964）所說：中國沒有宗教的論點，楊慶堃所著的《中國社會中的宗教》（*Religion in Chinese Society*）一書中（Yang, 1961）指出：中國社會中的民間信仰是一種「普化的宗教」（diffused religion），華人在其生活世界中並不隸屬於一定的教會，他們不像西方一神教的信仰那樣，到固定的教堂做禮拜，而是到不同的寺廟燒香拜佛。

在《超越的本體：牟宗三的科學觀》一書中（黃光國，印刷中b），我指出：基督宗教中所說的「超越」（Transcendence），原先係指人與「超越的上帝」（transcendent God）之間，有一條無法跨越的鴻溝，人永遠不可能變成上帝。這與港臺新儒家所說的「內在超越」有其根本的不同：不論是佛家所說的「人人皆有佛性」、道家所追求的「真我」，或是儒家所說的「良知」，都是在追求一種「內在超越感」，並不是西方基督教中所說的「外在超越」。臺灣的民間信仰本來是儒、釋、道三種文化傳統的混合體，當西方的基督宗教移植到華人社會後，它對華人的文化傳統會產生什麼樣的影響？

賈紅鶯等人（2013）的研究發現，可以對這個問題提供部分的答案。該研究的參與者係在花蓮基督教門諾醫院癌症病房公開招募，或透過友人轉介；志願參與的七位基督徒婦女中，其中四位的訪談資料較為完整，她們分別為大腸癌、陰道癌與兩位乳癌患者，年齡由三十六～五十三歲。四人中，有兩位是長年穩定參加聚會的基督徒，另兩位則是因罹癌而接受基督信仰的慕道友。在婚姻狀況方面，一位慕道友已經離婚，一位和先生分居二十幾年，另兩位已婚的基督徒婦女，先生為主要照顧者。

▣ 撐面子

四位受訪者在得知自己罹患癌症之後，和許多癌症患者一樣，會問：「為什麼是我？」用埃肯斯伯格（Eckensberger, 1996, 2012）的行動理論來看，她們在做「世界取向」的反思並解釋自己罹患癌症的原因時，通常會歸因於個人的特質與家庭關係。他們四位在發病前，都在其家庭系統中肩負著沉重的照顧責任。

璉在退休前是位小學老師，當年抱持著「老公是天，自己是小女人」的心情，進入婚姻以及先生的大家庭。婚後不久，先生事業失敗、外遇，從此不見人影。之後，璉從「小女人」變為「女強人」，扛下養育兩個孩子與服侍公婆的所有事務。「婆婆非常嚴格，小姑又是一個比一個厲害」，身為長媳，在公婆家，「媳婦是沒有地位的，要做十六個人的飯吃」，「從早天剛亮就開始要工作，到晚上十一二點」，每天如此，要帶兩個小孩，還要伺候一個尿毒症的婆婆，公公講：「你書讀得那麼多沒有用，你還是要做」（臺語）。

> 「在我們那個年代，單親家庭是蠻丟人的，尤其你是老師。」
> 「就是這樣撐啊，每天你的情緒就是要180度把自己喬過來、轉變，明明不ok，你就要假裝我很ok，就要做一個假面人，像個雙面人這樣子。」

▣ 「絕對倫理」的受害者

在兩個兒子成家立業後，璉選擇回到原生家庭，照顧原本關係不好的年邁母親。璉認為可能因為自己謹守孝道，對母親逆來順受，與母親相處過度壓抑，成為誘發癌症的近因：「她再怎麼不對，你還是得順從她」，因為「我們是中國人嘛」、「什麼叫孝順？你順著她就是孝嘛！」

璉是被傳統「禮教」及「三綱」緊緊束縛的女性。她一生都不斷在成全別人，克盡母職與媳婦孝道，成全兒子，服侍嚴苛母親。她說，她是「比較要求完美的人，什麼事情都不能亂掉」，「可能教務處或者是什麼上面，他還沒有講要做的什麼事情，我一定先都把它弄得好好的，安排的好好的」。用我所提出的「含攝儒家文化的理論」來看，璉在跟她家庭「關係中的人們」進行互動時，她對大多數的重要他人都要求自己能夠「盡己」、「推己及人」，但這些大多只是單方向的付出，對方並沒有給她相對應的回報，結果她變成「絕對倫理」的受害者，感覺「我人生沒有完全自我的階段」，「從年輕到現在你就一路委屈嘛，那你身體外強中乾了嘛」。

◘ 單獨面對上帝

璉離婚後，信了基督教。初信主兩個月，璉與神的互動非常親密：

> 「因為我覺得自己好像有很多委屈，要跟上帝講，憋在心裡面太多，我會一次禱告、兩次禱告、三次禱告，就會慢慢平復、安然入睡。這是很奇怪的事情（哽咽）。我不是沒有人可以依靠的，我有神！對，覺得自己還是很幸福的。」

在治療過程中，璉體會神的存在與照顧，也感受到被神照顧的幸福：

> 「你知道除了一些平凡人之外，還有這麼一個尊貴的上帝，無所不能的人，祂一直照顧你（哽咽），而你渾然不知，你生了這麼一場病，你才曉得有這麼一個神。」

罹癌前，璉在教會機構擔任志工。罹癌後，會友的關懷也會帶給她「家人般」的溫暖：

> 「最後他們要離開時，一定會牽著我的手，禱告（哽咽，七秒），我覺得禱告的力量很大（哽咽），他們來給我禱告的話（哭），就是給我很大的力量，他們走之後，我就會哭很久。」

然而，會友畢竟不是「家人」。將璉的案例放置在本文的脈絡中，我們看不到有任何「倫理療癒」的效果。在她漫長的治療歷程中，她仍然必須單獨的面對上帝：

> 「整個治療過程是這麼的繁複，這麼的讓你不舒服，很多怪異現象都跑出來，你再堅強的心總有脆弱的時候（哽咽），那有的時候心裡真的很 down，很 down 的時候，就想說，我早一點回到主（哽咽）的身邊去好了。」

◘ 單方向的付出

蓉罹患陰道癌兩年，前夫婚後一年即開始外遇，她認為：自己會罹患陰道癌跟前夫的性關係紊亂有關。

> 「我兒子一歲半的時候他就有外遇的狀況了，因為我是一個單親的小孩子，我不希望小孩子跟我一樣單親。直到我兒子國小六年級，我才選擇跟我前夫離婚，因為我兒子覺得有爸爸沒爸爸是沒差的。」

除此之外，她還要帶她前夫的兒子，「他跟他前妻生的兒子，我從兩歲多帶到現在，帶到我發病差不多十八年」，他們家族的人認為：「媽媽不會疼前夫的兒子」，「可是我……我就是做給他們看」。

用儒家倫理的角度來看，蓉在先生外遇不斷的情況下，仍然忍氣吞聲，要求自己「盡己」，想要證明自己是個好繼母，但她對這種單方向的付出，心中並非沒有怨氣。她說：

> 「我從來沒想過要自殺，從來沒想過，一個念頭都沒有過，我只想說我要怎麼讓他們斯巴爛在我手上，呼～一吹就飛走了這樣子，我只有這樣子想過而已。」

當她體會到這種違背「相對倫理」的單方向付出根本不可能讓她獲得「心理社會均衡」，她毅然選擇走上離婚之路：

> 「他只接受我對他的好，他沒有稍微的回饋，我會踩煞車，因為我知道我的個性跟我的身體，我一直對你好下去你會予取予求，那我會很辛苦，那我會選擇不要。」

▣ 放下憂傷，呼喚上帝

離婚之初，蓉曾經與前夫爭奪孩子的監護權，後來卻選擇放下怨恨，願意協助孩子與前夫建立關係：

> 「如果我想要把它擴大。……我兒子以後拿刀、拿棍子去打他們都有可能。……但我不希望我所受的傷害在我兒子身上再發生一次，所以我寧願選擇讓我兒子去知道他們的好。」
>
> 「我現在有辦法原諒他，是因為我覺得：『我放下更多，我得到的更多』，是在信仰基督教，『我認識主之後，我了解到原來寬容跟放手是可以讓一個人的心境更寬闊』。」

「我就跟牧師說，我終於體會到什麼是『喜樂是心的良藥，憂傷的靈使骨乾枯』，『真正的喜樂是我放下了，憂傷的是我還在掛念那個事情』。」

在心理上，蓉雖然是「放下」了，但在生理上，她仍然要受到病痛的考驗和折磨。這時候，她會孤單地呼喚上帝：

「我說主祢到底要試煉我到什麼時候？我心也放寬了，我也放手了，我也真心接納祢為我的真主，為什麼祢還要讓我復發啦，讓我再接受疼痛哪，讓我再接受遺棄的折磨，為什麼？」
「我說阿爸父，為什麼讓我那麼痛？阿爸父祢是不是忘記我了？」

蓉接受訪問時，三十六歲，罹陰道癌兩年，被丈夫遺棄，還要為其背債，同時撫養過動兒與前夫兒子。貧病交迫之際而到教會，慕道兩年，受到聖經話語啟示而原諒前夫，在「放下」對前夫的怨懟後，不久即離開人世。

▣ 愛之深，責之切

宜來自基督徒家族，罹癌之前，照顧患有癌症的母親長達十年，母親過世後，使她魂牽夢縈，生活頓失重心。跟前兩個個案的最大不同，在於她跟先生兩人感情良好，育有兩個子女，自己對子女的期望也很高。

但婆媳關係卻是她憂鬱的來源。她承認：婆婆就是她「現在最大、最不舒服的問題」；「覺得並沒有因為（自己）對她好」，就「獲得應該有的尊重」。「我沒辦法聽到她的聲音」，「或是在我眼前閃過」。

罹癌之後先生全力支持，帶她遠從花蓮到臺北住返醫療，讓宜感受到自己生命對家人的重要，「特別是我先生這個部分，我覺得他做得非常的好」，「其實我覺得有時候我自己也沒辦法那麼勇敢啦……我先生他讓我感受到：好像我的活不是光為我自己」。

除此之外，她還有教會弟兄姊妹的支持網絡。癌症穩定之後，她在家裡開始帶領小組，服侍別人。然而，由於自己對子女的期望很高，當吃藥副作用引發情緒不穩時，仍然會引發親子關係的衝突。

「吃賀爾蒙的藥……在這個部分我很苦……很多時候會有很多情緒，很大的情緒，如果剛好碰到孩子好像覺得不是按照妳期望中一些表現、一些行為，妳就會……就會很生氣。」

◘ 重生的感覺

宜過去悉心呵護自己的子女、知道自己對子女的期望很高，是「望子成龍，望女成鳳」型的母親。

「其實我有問過我女兒，我說妳覺得媽媽有沒有什麼不一樣？那我女兒說：我以前是很注重成績、很看重成績……，罹患癌症後，體會到人生無常，覺得自己該對子女放手了，所以我很多時候就在想，放還是要放，她該去面對就是要去面對，該去承受就是要去承受。」

在華人社會中，「望子成龍，望女成鳳」是父母親常見的現象。許多父母親對子女過度的期望，往往造成子女心理上的重大壓力，甚至造成親子之間的衝突。由於該研究的對象並不包括參與者的子女，我們並不知道其子女的感受，值得注意的是：罹患癌症才讓宜「放下」對子女的過度期待，體會到孟子所說「盡心知性以知天」的「知天」，同時也對基督信仰產生了新的認識。她說：

「自己『一路走來非常的平順』，『覺得信仰好像就是生活的一部分而已，沒有特別的那種火熱』，是聖經所描述那種的『不冷不熱』的平信徒。『等到生病的時候，我就重新的再思考自己的這個信仰』，『現在每一年我覺得好像是再重生一遍，所以就覺得說我好像三歲而已，就是感覺妳是重生的感覺。』」

◘ 與時間競賽

璐是現代華人社會中典型的職業婦女，今年四十六歲。三十九歲那年罹患乳癌，迄今已七年，邁向所謂癌症評估的「穩定期」。罹癌之前，璐的生活充滿了壓力，主要的壓力源圍繞在越區就讀的孩子教養，滿足先生對孩子學習的期望，每天與時間競賽。

「那段時間壓力很大，金錢上壓力，還有時間上，因為先生他希望給孩子學習英文，一個禮拜要上九個小時的英文課，我需要趕快煮飯，我又不想讓孩子在外面吃飯，就自己簡單煮，煮好之後還趕快吹涼，不能熱熱的給他們吃，再帶他們去上課，那時我才能夠喘口氣。晚上等全部的作業做完之後，他們都睡著，我才能放鬆，所以習慣晚睡，有時候就熬夜整理家務，大概都兩、三點，三、四點睡覺。」

對於這些壓力，璐都得「自己承受」。罹癌之前，她跟先生各自忙碌，沒有時間溝通，他忙他的，我忙我的，生活上的習慣也是南轅北轍，「我們能講話的時間根本就不多」，「心裡不舒服我們都會忍，幾乎都是冷戰，不講話。而且，我很厲害，我可以忍一個月不跟他講話」，「好氣又好笑的是：有時候，事情過去了，我們知道我在生氣，可是，為什麼生氣我都不記得了」。

在她罹癌之後，青春期的兒子在學校裡出現了狀況，先生不得不開始關心並參與教養，夫妻的互動方式因此改變，璐也從消極冷戰到積極面對夫妻衝突，又促成親子關係的改變。

◘ 家庭的壓力

從這四則訪談的敘事故事中，約略可以看出基督宗教傳入華人社會中，對於華人所發揮的作用。當前的臺灣文化是儒、釋、道三種文化傳統和西方文化的混合體，在世俗化儒家「禮教」及「三綱」的影響之下，璉和蓉的婚姻生活都不完滿，她們的家庭生活帶給她們極大的壓力。她們兩人都是罹癌之後才皈依基督教的「初信者」。皈依基督教讓她們在心理上「放下」世俗的是非和怨懟，但並不能改變她們的家庭生活和婚姻生活。在她們和癌症奮鬥和掙扎的過程中，她們只能呼喚上帝，或孤獨地面對上帝。

宜和璐的情況則有所不同。宜雖然對婆婆有所不滿，但她的婚姻生活卻沒有問題。璐和先生之間雖然有溝通上的困難，但那並不足以造成婚姻關係的斷裂。她們和許多華人父母一樣，都因為對子女的期望過高而感受到強大的心理壓力。

◘ 在天家相見

海德格說：「面對死亡」，是由「非本真」的存在轉向「本真」存在的契機。唯有「面對死亡」，個人才會真正體悟到競逐世俗的毫無價值，才會追求「本真」的意義。宜說，她原本是一名對信仰「不冷不熱」而又「缺少靈性生活」的「平教徒」，罹癌之後，才「重新思考自己的信仰」，獲得「重生」的感覺，並能夠「放下」對子女的高度期待。璐也說，「生病使她更想緊緊抓住神」，「因為你要自己去面對你的疾病，別人沒有辦法幫你，你一定要知道你要去依靠神」。對璐而言，「面對死亡的存在」（being-towards-death）反倒發揮了「倫理療癒」的功能：

「我曾經跟他們（家人）提過，而且是〇〇（先生）和兩個孩子都在場。若是我真的發生什麼事情，譬如說死後，我希望是樹葬，也希望有一個簡單的安息禮拜。孩子們問為什麼要樹葬，我就跟他講，因為環保！更希望我們以後在天家相見，在地上不要用有形的事物挾制，要在心裡思念就好。」

◘ 價值選擇的焦慮

「在天家相見」是源自於儒家的倫理觀念，而不是基督宗教。「莫之為而為者，天也。莫之致而至者，命也。」孟子也是體認到生命的有限性之後，才提出他「盡心知性以知天」的哲學。然則，這兩種思維方式又有其根本的不同。海德格在提出「面對死亡的存在」之哲學後，並沒有進一步說明：「本真的存在」所應當追求的價值是什麼，當個人認識到他自己的「在世存有」時，他仍然必須面對價值選擇的焦慮。

先秦儒家則不然。孟子在體認到每個人的生命必然受到「天」、「命」的限制之後，他進一步提出了「修身」、「養性」的哲學主張：「盡其心者，知其性也；知其性，則知天矣。存其心，養其性，所以事天也。夭壽不貳，修身以俟之，所以立命也」《孟子・盡心上》。換言之，對於孟子而言，「修身養性」才是「事天」、「立命」最重要的方法。下一節，我要進一步討論：這種主張對於華人社會中倫理療癒的意義。

從上述論及的一系列案例裡，我們可以看出：從西方輸入的諮商輔導方法，例如：建構主義的生命敘說、優勢中心生涯諮商、敘事諮商、詮釋現象學等，都有助於吾人對於當事人生命處境的了解。然而，真正使當事人產生轉變的，卻是源自於文化傳統的生命智慧，而這就是所謂的「中學為體，西學為用」。然則，我們是否能夠從儒家文化傳統中提煉出「倫理療癒」的方法呢？

拾壹、天良與倫理療癒

從我們在高雄戒治所推動的矯治計畫來看，這個問題的答案應當是肯定的。《中庸》第一章說：「天命之謂性，率性之謂道，修道之謂教」，意思是說：上天賦予個人的各種天賦條件，就是他們的「本性」，依照個人的本性去發展，就是個人該走的「人生之道」。教育的目的，就是要幫助個人找出他的「人生之道」。一般學校如此，戒治所推行的矯治教育亦然。換言之，在戒治所接受矯治的學員雖然一度走上人生的歧路，而矯治教育的目標自然是要幫助他們走上人生的「正道」。

▣ 內觀與反求諸己

在我們進入戒治所推動矯治計畫之前，長期以來，戒治所一直配合著各項矯治計畫，在實施內觀靜坐。日本人以儒家的修養理論做為基礎所發展出來的「內觀」治療，要求案主在靜坐的時候，不僅只是保持情緒的穩定，而且要反思自己的生命處境，思考自己和生活世界中每一個「關係他人」間各種不同的關係（Murase & Johnson, 1974）。在做這一種反思的時候，他必須把握住「反求諸己」的原則，仔細思考：「面對這樣的生命處境，我應當籌劃並採取什麼樣的行動？」

在做這種反思的時候，有些人很可能會歸罪於他人，一味指責他人的不對。這時候，輔導員或治療師要很清楚地告訴他：指責他人是「外觀」，是在「看別人」，不是「內觀」。你可以「推己及人」，思考別人為什麼會如此做，但不能要求別人：「一定要如何如何」。你要做的是「反求諸己」，思考：「面對這樣的人生處境，自己將來要怎麼做？」

在此次矯治計畫中，高雄戒治所共推動並完成了六項研究計畫，其中以夏允中、李昆樺、謝碧玲、蔣世光為主要研究者，所完成的四項研究計畫係採取目前主流心理學所主張的「量化研究取向」；以黃創華、吳胤辰做為主要研究者所完成的兩項研究計畫，通常被分類為「質化研究取向」，但卻能結合華人文化傳統中的心理治療理念。上述兩種不同研究取向各有其特色，對於以「內觀」做為核心的毒癮戒治工作，也提供了不同面向的主要訊息。

◘ 同儕朋友的影響

以黃創華與吳胤辰做為主要研究者所完成的兩項研究計畫，其共同特點是研究者對其主持的研究計畫有高度的投入，在研究過程中，並與受戒治人建立了穩定的「師生關係」。在夏允中所帶領的研究團隊裡，吳胤辰是位通曉「五術」的心理諮商師。因為他通曉「五術」，在從事個案輔導的過程中，較容易獲得受戒治人的信任，願意對他坦誠說出心中的想法。在其研究報告〈華人致中和世界觀與藥物成癮者：傾向不和諧的自然、自我及人際關係信念〉中（黃光國，2012c），夏允中及其研究團隊因此記錄下許多寶貴的資料，可以讓我們比較清楚地看出：受戒治人藥物成癮的心理歷程，以及藥物成癮之後，個人所面臨的心理困境。

整體而言，受戒治人大多認為：自己是在朋友的誘惑之下，開始染上吸毒習慣的，例如：個案二說：自己開始用藥的原因是「好奇、朋友、生活壓力」。個案五很清楚地說明這種誘惑的過程，他認為：這個社會本來就充滿誘惑，「你今天到夜店，本來只是想去夜店玩玩而已，但是無形中你在夜店就是接觸到這種東西」，「接觸到這種東西的情形下就要看你自己了」。起先你還不知道你的朋友有去接觸到這種東西，等到你知道他接觸到這種東西的時候，如果你想避免你自己被他影響，你就要跟這個朋友疏離。「如果你不跟他疏遠的話，今天叫你吃，你拒絕，你可以拒絕一次，拒絕兩次，搞不好等到有一天，當你的心情很低落的時候，那一次你就會下去了」。「這是他的一種誘惑，有時他邀你一次兩次三次，有時候他說怎麼樣怎麼樣怎麼樣，如果你禁不起他的激將，吃一次也不會怎樣，膽子真差怎樣，我們人有時候會吃就吃啊」。

個案四則是說出：他在朋友的慫恿下，如何嘗試使用不同的毒品：

「起初是先去吸到強力膠，啊現在強力膠，算強力膠吸到有……算那時候我媽媽都很擔心啊，很那個……不知道要怎麼辦！啊後來朋友跟我說用安非他命，如果吸安非他命就不會去吸強力膠了！所以才又去接觸到安非他命的！啊安非他命吸完後，那時候都沒有在睡的……」

◘ 藥物成癮的心理困境

「都很多天沒睡，整個禮拜的，整個禮拜都沒睡，那個……人都做什麼事情自己都不知道了！啊過來又……人家又拿海洛英啊，就是人家說的四號，拿四號給我吸，那個時候是……，他就說要拿這個去改那一樣東西，拿那個東西去改那個東西，啊結果改到最後整個只剩下強力膠沒有再吸而已！到最後就變成吸安非他命跟四號……（無奈的笑）」

用華人社會中流行的「命盤」來看，個人之所以會染上毒癮，大多是因為「交友」不慎，誤交損友。再用華人〈自我的曼陀羅模型〉來看，個人一旦染上了毒癮，它好像就變成為一種生物性的驅力，藥癮一發作，個人便很難再脫身，例如：個案五說：他成癮之後「不管是心理上還是生理上都會產生不舒服的感覺」，「會不斷去找這樣東西來解脫你心理上和生理上的問題」，「你不吃這東西，你的腦部……也叫你吃」，現在有研究是說：「毒癮是一種大腦的慢性疾病」。但他也承認：「這要怎麼講，我也不會講。」

個案四則認為：那是自己的「心魔」在作怪，例如：「這些東西我們正常的東西是可以撐四小時，問題是你身上如果有東西的時候，你還沒四小時，你會一直想要再重用，又想要用」。

▣ 藥物濫用的生理驅力

有了藥癮之後，它便成為一種生物性的驅力。個案五描述：「睡也睡不著，吃也吃不下」、「流眼淚流鼻涕」，千方百計再去找毒品。「看有沒有那種吃下去，這種症狀就馬上解決掉」的東西。「其他的什麼藥都沒有用」，因為「它的症狀不是說一天兩天就過去了，十幾天耶，那你這十幾天怎麼過」。

> 「這個時候，個人很容易產生自暴自棄的心理：『管他的啦，反正活得也沒有什麼意思』，『吸一次，你吸下去的時候，整個心情都放鬆了，什麼煩惱都沒有了』。養成習慣後，那一天心情不好，就會開始想用這種東西，『因為這種東西吃下去我就沒有什麼煩惱了』。」

個案一很清楚地說明：心理壓力跟自己吸毒行為之間的關聯。他說：在「精神壓力很重的時候」，「根本就沒有辦法去排除壓力」，「就靠那個東西」，「吸海洛因就會全身很舒暢」，「那個時間就很輕鬆，就不會去亂想什麼的」。可是一旦「有依賴性了」，「就會一直依靠這個東西，碰到事情就想到它」，不會想別的辦法。因為「這個最簡單」，只要「拿一點錢就可以解除憂鬱」，「覺得很有價值，然後就一直用」。

▣ 家庭倫理的破損

有些人在毒品上癮之後，明明知道對自己身體有害，仍然會找各種藉口，說吸毒是「自己的事」，不會危害他人。像個案五便強調：他不會為了吸毒而「跟家庭搞得很不愉快」。他吸毒一、二十年，沒有向家裡的人拿錢，也不曾去偷去搶，或「為了毒品去做一些違法的事情」，都是他自己去想辦法。他甚至強調：他吸毒沒有「傷害到別人，我只是傷害我自己」，是「我一人的事情」、「弄壞身體也是弄壞我自己」、「沒有打壞別人」。

然而，像這種「個人取向」的人畢竟是少數。儒家文化跟西方文化的最大不同之處，在於儒家社會是倫理本位的社會，每個人都置身於各種不同的倫理關係之中，必須善盡個人對於關係他人的角色義務。在儒家關係主義的文化中（黃光國，2009），當個人做出違反品德之事，而為其家人所知悉時，便很可能導致其倫理關係的破損。像個案一說：

「我母親從小到大都對我很好，是我這樣去辜負她，沒孝順到她，真的有夠痛苦。我這個媽媽對我很好，我現在快五十歲了，她也是沒有放棄我，對我都很關心，上個月她有叫人寫信給我，叫我回去，不要再打藥，關心我啊，很慚愧啊，真的很慚愧；現在年紀大了齁，回去就要好好孝順她。」

當個人反思自己的吸毒行為造成家人倫理關係的破損而產生良心的不安或愧疚時，應當是使他們「改過向善」的主要動力，例如：個案八說：

「吸毒，對父母親、對家庭、對個人、子女都不好！因為，我們的子女要在這社會上立足，人家知道了都會指指點點，說『你爸爸吸毒被人家關』，『父母看到我們這樣吸毒，他們心裡也會非常的難過』。許多吸毒的人自己沒有賺錢，要去吸毒，都是跟父母親拿錢，拿不到就打、鬧、罵，給第三者看到，也會說『這個孩子已經沒出息了』！『他們都是為我們好』，『我們也知道』，可是為什麼還要吸毒呢？」

個案一說出了他的無奈。有一次，他打一個電話要找他媽媽而已，他的阿姨就「在那邊一直罵」，「說得我好像十惡不赦這樣」！他很委屈地說：「我也是很想要養我媽媽啊，我也是要給她那個啊……我哪有說不要！問題是我有辦法嗎？」「那時候自己一個人，身上沒有很多錢，也沒有住的地方……」，所以「只好又打給我朋友，暫時去他那裡住」。問題是：那裡就是「一些在使用毒品的地方」。因為「我認識的」、「有辦法聯絡的」，「就剩這些而已」。

用〈華人自我的曼陀羅模型〉來看，個人一旦藥物成癮之後，他就會變成一種生物性的驅力，使個人在遭受負面情緒或生活壓力時要藉助藥物的力量麻醉自己。用個人的「命盤」來看，這時候親人的期待或指責往往會形成一種正面的力量，要求他喚醒「良知」，做一個「人」。但如果個人意志不堅，或沒有外力的支持，往往又無法擺脫那些使用毒品的朋友網絡。

▣「陰／陽」、風水與鬼神

由於儒家文化對倫理關係的重視，許多受戒治人相信：祖先的風水對個人會有所影響。如個案一說：

> 「我覺得觀念是這樣啦：我們人現在活著這樣想，我們死了如果還有意識的話。」
> 「如果祖先住的地方，他在那個陰界過得不好還是缺什麼東西。……如果沒有衣服穿啦，沒有錢花的時候，還是住的地方淹水啦，……他就會想辦法跟陽間的子孫接觸，因為我們人的陽氣的氣場有差，如果你比較陰的話，那個人的時運比較低就會看到。」

個案四說：

> 「他外公埋的那地方『有樹根穿過去』，『後來也沒有去解決』，那墓也沒有撿……『後來我只跟我阿嬤下去恆春看過一次，要找那個墓就找不到了』。」

個案二說：

「他雖然沒有在看風水，但他相信有風水這件事。『因為家裡發生了很多事情，都出問題』。『我們家裡的大門被人家前面那個樓頂擋到』。」
「『我父親以前很愛喝酒，他死掉的時候，他用那個甕，都沒有去給他處理好，風水都沒處理好』，所以『我們一家都很亂』，『我都一直在關』。」

個案二把「家裡發生的很多事」，甚至自己被關都歸咎於風水。然則，對於風水的信仰是否可以轉變成為戒毒的動力呢？有些跡象顯示：這個問題的答案是：「有可能」，如個案一說：

「如果我們的祖先靈魂不得安寧，『陽世間的東西根本就用不動』只有用『託夢』，還是『找一個管道』，去通知我們的陽世的子孫，我要找你，『你又看不到我』，我在旁邊，干擾你，『你就覺得不順啊』。」

他也因此可以相信：祖先的福報可以傳給下一代。他認為：祖先死的時候，福報可以「抵銷他的陽世的惡報」，也可以「福蔭到子孫」。因為「他用不著了，我要轉世了，還是我已經成仙了，這個福蔭用不到了，就可以把他留給子孫，可以讓子孫抵銷一些災難」。

就像我們如果有災難，應該會出車禍，撞下去沒有死掉，只受輕傷，就是那個福蔭。因為你祖先有做好事，他可能有拜託什麼神明，「把他轉給你」，登記給你了，「就像那個遺產啊登記給兒子一樣」。

▣ 命運與意志

對於諸如「命運」之類超自然力量的信仰亦復如是。在受戒治人之中，有些人相信命運，有些人不相信，但幾乎沒有人會反對「命運是自己創造出來的」，命運的「決定權在你自己」，例如：個案一說他相信有些事情是命中注定的。「像人出生的地方，為什麼他會出生在這個家庭」，這也算是命中注定的。每個人的命運都不同，所以「一樣是人，可是他們的遭遇卻不同」。

個案三不相信一個人會怎樣，完全都是因為命，他強調：

「該工作的工作，該玩的玩。天塌下來還有比我們高的擋住啊，怕什麼？」

個案四也認為：

「自作自受『這要怪什麼人（指祖先）？人家又沒有拿刀、拿槍押著你啊！你要怪誰？』『那是你自己做錯事了。自己做錯的，你就是自己要接受這個果！』」

個案五更清楚地說：

「『什麼事，什麼命運都是自己創造出來的啦。今天決定權在你自己，決定權在你自己啊，本來就是決定權在你自己』，『命運是建議』。供參考而已。」

這是一個非常重要的「共識」。個案五進一步闡明他的論點：

「我是覺得命運都掌握在自己手裡，你今天要過什麼日子，你想過什麼日子。比如說你想要過好日子，這個過好日子就是你的動力，你有想要這樣做、有要這樣生活，你自己就會有那個動力出來說我要怎麼打拼、我要怎麼達成這個目標。如果你是想說管他的，隨隨便便過就好，那你就不會有那個動力出來。」

從以上的析論中，我們可以看出：將夏允中及吳胤辰研究團隊的研究發現放置在華人〈自我的曼陀羅模型〉及「命盤」的結構中來看，受戒治人通常是在「損友」的誘惑之下，開始沾染毒癮。藥物成癮之後，便成為「個人」（individual）一種生物性的驅力，當他情緒低落或感受到心理壓力時，再度誘使他吸食毒品，而讓他的「自我」（self）處於社會理想的「人」（person）與生物性驅力的掙扎之中。這時候，心理輔導最重要的原則，就是要藉助各種民間信仰的輔助性力量，幫助他的「良知」重新獲得「自我」決定的力量。

拾貳、結論

如前所述，本文的撰寫方式，係由經《中華輔導與諮商學報》審查通過，並於正在排隊等待出版的積稿中，選出七篇性質相近的論文，再用我所建構的「含攝儒家文化的理論」重新加以詮釋。我要特別強調的是：我僅是根據這些論文的題目，選出這幾篇論文，並沒有仔細閱讀其內容。但從本文的論述中，我們可以清楚看出：在西方主流心理學理論的誘導之下，我們的心理學者幾乎都已經成為「文化視盲」（culture blind），已看不到我們自己最為熟悉的「文化」。

要說明這個問題的成因，還必須追溯到西方近代心理學史的源頭。1879年，馮特（Wilhelm Wundt, 1832-1920）在德國萊比錫設立第一個心理學研究室，開始用「科學方法」研究基本認知功能，而成為「科學心理學之父」。

他很清楚地了解到這種研究方法的侷限，所以在出版自己的研究成果時，冠以《生理心理學原理》（*Principles of Physiological Psychology*）之名（Wundt, 1874/1904）。為了要研究「人類智力與創造的高級形式」，他又以歷史學的方法，研究有關文化的議題，出版了二十卷的《民族心理學》（*Volkerpsychologie*）（Wundt, 1916）。

在「科學心理學」創立後不久，深受西方思潮影響的蘇聯心理學者維高斯基（Lev Vygotsky, 1896-1934），為了區分人類與其他動物在種族發生學上的不同，而在1927年區分「基本」與「高等」心理歷程的差異。接著，他又根據狄泰爾（Dilthey）和繆斯特堡（Munsterberg）在「自然的解釋」和「人類行動的理解」之間所做的區分，將心理學區分為兩種：一是「因果心理學」（causal psychology），指的是一種探討因果關係的自然科學；一是「意圖心理學」（intentional psychology），指的是以探討人類意圖為主要內容的「靈性心理學」（spiritualistic psychology）（Vygotsky, 1927/1987）。

由於維高斯基以三十八歲之齡英年早逝，他的作品遭到蘇聯共產當局的禁止達二十年之久，直到1960年才在西方世界中出版。他雖然跟巴伐洛夫（Pavlov）、佛洛伊德（Freud）和皮亞傑（Piaget）是同一時代的人物，但他的知名度以及對心理學的影響力，卻遠遠不如他們。

多年來，我一向主張：依照文化心理學「一種心智，多種心態」的原則，本土心理學要有健全的發展，我們所建構出來的理論，必須既能反映人類普遍的心智，又能說明某一特定文化中人們特有的心態。〈自我的曼陀羅模型〉和〈人情與面子〉的理論模型，便是「意圖心理學」的一種普世性理論模型。我們若是用它們做為詮釋某種文化傳統的架構，我們便能夠發展出該文化中「含攝文化的理論」。希望讀者在閱讀本文之後，能夠深入思考此種研究取向的理論及歷史意涵，為推進本土心理學的發展，共同努力。

本文原載於：

黃光國（2013）：〈儒家文化中的倫理療癒〉。《中華輔導與諮商學報》，第37期，1-54。

參考文獻

王玉珍（2013）：〈優勢中心取向生涯諮商歷程與改變經驗之敘事研究〉。《中華輔導與諮商學報》2013 特刊。

林杏足（2013）：〈敘事諮商中當事人自我認同轉化歷程之研究〉。《中華輔導與諮商學報》2013 特刊。

邱獻輝、葉光輝（2013）：〈失根的大樹：從文化觀點探究親密暴力殺人者的生命敘說〉。《中華輔導與諮商學報》2013 特刊。

洪雅琴（2013）：〈傳統喪葬儀式中的哀悼經驗分析：以往生到入殮為例〉。《中華輔導與諮商學報》2013 特刊。

柯永河（2009）：〈我心目中的臺灣臨床心理學〉。《臺灣心理學會第四十八屆年會會議手冊》。臺北：臺灣心理學會。

陳秉華、程玲玲、賈紅鶯、李島鳳、范嵐欣（2010）：〈基督徒的靈性掙扎與靈性因應〉。論文發表於「基督宗教諮商輔導」研討會。輔仁大學天主教學術研究院。

黃光國（2009）：《儒家關係主義：哲學反思、理論建構與實徵研究》。臺北：心理出版社。

黃光國（2011）：《心理學的科學革命方案》。臺北：心理出版社。

黃光國（2012）：〈自我意志力的培養與本土矯正戒治模式〉。《矯政》，第 2 卷第 1 期（2013/01），頁 1-24。臺北：法務部矯正署。

黃光國（印刷中a）：《盡己與天良：破解韋伯迷陣的方案》。臺北：心理出版社。

黃光國（印刷中b）：《超越的本體：牟宗三的科學觀》。臺北：心理出版社。

黃光國、蔡協利、夏允中、黃創華、吳胤辰、廖立宇、吳致廷（2012a）：〈華人戒治處遇及品格教育的理論與實踐〉。《諮商輔導學報》，第 24 期，頁 1-22。

黃光國、夏允中、黃創華、蔣世光、謝碧玲、李昆樺、柯俊銘等人（2012b）：

《內觀正心，知止重生：華人戒治處遇及品格教育的理論與實踐》。高雄：法務部矯正署高雄戒治所。

黃光國、蔡協利、夏允中、林正昇、邱鐘德、廖立宇（2012c）：〈華人致中和世界觀與藥物成癮者：傾向不和諧的自然、自我及人際關係信念〉。法務部矯正署高雄戒治所研究計畫。

賈紅鶯、陳秉華、溫明達（2013）：〈年輕癌婦的家庭衝擊與靈性因應：關係脈絡下的身心靈〉。《中華輔導與諮商學報》2013 特刊。

廖淑廷、林玲伊（2013）：〈親子關係與母親安適感之關聯性研究：以臺灣青少年及成年自閉症個案之母親為例〉。《中華輔導與諮商學報》2013 特刊。

盧怡任、劉淑慧（2013）：〈受苦經驗之存在現象學研究：兼論諮商與心理治療的理論視野〉。《中華輔導與諮商學報》2013 特刊。

簡惠美（譯）（1989）：《中國的宗教：儒教與道教》。臺北：遠流出版公司。

Allport, G. (1968). The historical background of modern social psychology. In G. Lindzey & E. Aronson (Eds.), *Handbook of social psychology* (2nd ed., Vol. 1, pp. 1-80). Reading, MA: Addison-Wesley.

Anderson, H. (1997). *Conversation, language and possibilities*. New York, NY: Basic Books.

Anderson, H. (2001). Postmodern collaborative and person-centered therapies: What would Carl Rogers say? *Journal of Family Therapy, 23*, 339-360.

Archer, M. S. (1995). *Realist social theory: The morphogenetic approach.* Cambridge, MA: Cambridge University Press.

Beck, A. T. (1976). *Cognitive therapy and the emotional disorders.* New York, NY: International University Press.

Bengston, V. L., & Black, K. D. (1973). Intergenerational relations and continuities in socialization. In P. Baltes & W. Schaie (Eds.), *Life-span development psychology: personality and socialization* (pp. 207-234). New York, NY: Academic Press.

Bhaskar, R. (1975). *A realist theory of science* (1st edition). Leeds: Books. (2nd edition with new Postscript, Hassocks Sussex: Harvester Press, 1978; Reprinted as Verso Classic, 1997)

Cheng, C. Y. (2004). A theory of Confucian selfhood: Self-cultivation and free will in Confucian philosophy. In K. L. Shun & D. B. Wong (Eds.), *Confucian ethics* (pp. 124-147). Cambridge, MA: Cambridge University Press.

Collier, A. (1994). *Critical realism: An introduction to Roy Bhaskars's philosophy*. London, UK: Verso.

Combs, G., & Freedman, J. (2004). A poststructuralist approach to narrative work. In L. E. Angus & J. McLeod (Eds.), *The handbook of narrative and psychotherapy* (pp. 137-155). London, UK: Sage.

Durkheim, E. (1938). *The rules of sociological method.* Glencoe, IL: The Free Press. (Original work published 1895)

Eckensberger, L. H. (1996). Agency, action and culture: Three basic concepts for psychology in general and cross-cultural psychology in specific. In J. Pandey, D. Sinha & P. S. Bhawak (Eds.), *Asian contribution to cross-cultural psychology* (pp. 72-102). New Delhi, India: Sage.

Eckensberger, L. H. (2012). Culture-inclusive action theory: Action theory in dialectics and dialectics in action theory. In J. Valsiner (Ed.), *The Oxford handbook of culture and psychology* (pp. 357-402). New York, NY: Oxford University Press.

Freedman, J., & Combs, G. (1996). *Narrative therapy: The social construction of preferred realities*. New York, NY: W. W. Norton.

Furman, B., & Ahola, T. (2007). *Change through cooperation: Handbook of reteaming.* Helsinki, Finland: Helsinki Brief Therapy Institute.

Gray, D. E. (1994). Coping with autism: Stresses and strategies. *Sociology of Health and Illness, 16*, 275-300.

Harris, G. G. (1989). Concepts of individual, self, and person in description and analysis. *American Anthropologist, 91*(3), 599-612.

Ho, D. Y. F. (1991). Relational orientation and methodological relationalism. *Bulletin of the Hong Kong Psychological Society, 26-27*, 81-95.

Ho, D. Y. F. (1998). Interpersonal relationship and relationship dominance: An analysis based on methodological relationalism. *Asian Journal of Social Psychology, 1*, 1-16.

Ho, D. Y. F., & Chiu, G. Y. (1998). Collective representations as a metaconstruct: An analysis based on methodological relationalism. *Culture and Psychology, 4*(3), 349-369.

Hwang, K. K. (1976). *Social stresses, coping styles, and psychopathological symptom patterns in a Formosan urban community*. Unpublished doctoral dissertation, Department of Psychology, University of Hawaii, HI.

Hwang, K. K. (2009). The development of indigenous counseling in contemporary Confucian communities. *The Counseling Psychologist, 37*, 930-943.

Hwang, K. K. (2011). The Mandala model of self. *Psychological Studies, 56*(4), 329-334.

Hwang, K. K. (2012). *Critical realism and multiple philosophical paradigms: The construction of culture-inclusive theories*. Paper presented at International conference on New Perspectives in East Asian Studies, June 1-2, 2012, Institute for Advanced Studies in Humanities and Social Sciences, National Taiwan University, Taipei.

Hwang, K. K., & Chang, J. (2009). Self-cultivation: Culturally sensitive psychotherapies in Confucian societies. *The Counseling Psychologist, 37*(7), 1010-1032.

Layne, C. (1983). Painful truths about depressives' cognitions. *Journal of Clinical Psychology, 39*(6), 848-853.

Leventhal, G. S. (1976). The distribution of reward and resources in groups and organizations. In L. Berkowitz (Ed.), *Advances in experimental social psychology* (Vol. 9, pp. 91-131). New York, NY: Academic Press.

Leventhal, G. S. (1980). What should be done with equality theory? In K. J. Gergen, M. S. Greenberg & R. H. Willis (Eds.), *Social exchange: Advance in theory and research* (pp. 27-55). NY: Plenum Press.

Liddle, P. F. (1987). Schizophrenic syndromes, cognitive performance and neurological dysfunction. *Psychological Medicine, 17*(1), 49-57.

Murase, T., & Johnson, F. (1974). Naikan, Morita, and western psychotherapy. *Archives of General Psychiatry, 31*, 121-128.

Pare, D. A. (1999). The use of reflecting teams in clinical training. *Canadian Journal of Counselling, 33*(4), 293-306.

Payne, M. (2006). *Narrative therapy: An introduction for counselors*. London, UK: Sage.

Peterson, C., & Seligman, M. E. P. (2004). *Character strengths and virtues: A handbook and classification*. Washington, DC: American Psychological Association.

Porter, R. (1997). *Rewriting the self: Histories from the renaissance to the present*. London, UK: Routledge Press.

Rogers, C. (1965). *Client-centered therapy: Its current practice, implications, and theory*. Boston, MA: Houghton Mifflin.

Rolland, J. S. (2005). Cancer and the family: An integrative model. *Cancer, 104*, 2584-2595.

Thoresen, C. E. (1998). Spirituality, health and science. In S. Roth-Roemer, S. R. Kurpius & C. Carmin (Eds.), *The emerging role of counseling psychology in health care* (pp. 409-431). New York, NY: W. W. Norton.

von Bertalanffy, L. (1968). *General system theory: Foundations, development, applications*. New York, NY: George Braziller.

Vygotsky, G. H. V. (1927/1987). *The historical meaning of the crisis in psychology: A methodological investigation*. New York, NY: Plenum Press.

Wallner, F. (1994). *Constructive realism: Aspects of a new epistemological movement*. Wien: W. Braumuller.

Wallner, F. (1997). *The movement of constructive Realism.* Thomas Slunecko (Ed.). Wien: W. Braumuller.

Weber, M. (1964). *The religion of China* (H. H. Gerth, Trans.). New York, NY: The Free Press.

White, M. (2007). *Maps of narrative practices*. New York, NY: W. W. Norton.

White, M., & Epston, D. (1990). *Narrative means to therapeutic ends*. New York, NY: W. W. Norton.

William, J. (1919). *The varieties of religious experience*. 唐鉞譯（1947）：《宗教經驗種種》。北京：商務印書館。

Winslade, J., & Monk, G. (1999). *Narrative counseling in schools: Powerful & brief*. London, UK: Sage.

Worden, J. W. (2009). *Grief counseling and grief therapy: A handbook for the mental health practitioner* (4th. ed.). New York, NY: Springer.

Wright, L. M., Watson, W. L., & Bell, J. M. (1996). *Beliefs: the heart of healing in families and illness*. New York, NY: Basic Books.

Wundt, W. (1916). Volkerpsychologie und entwicklungspsychologie. *Psychologische Studien, 10*, 189-238.

Wundt, W. M. (1874/1904). *Principles of physiological psychology* (E. B. Titchner, Trans.). Cambridge, MA: Harvard University Press.

Yang, C. K. (1961). *Religion in Chinese society: A study of contemporary social function of religion and some of their historical factors* (pp. 294-303). Berkeley, CA: University of California Press.

4. 華人組織中的陰／陽均衡與德性領導

本文旨在從本土社會心理學的觀點，說明華人組織中的領導者在做策略及管理的決策時，「陰／陽均衡」的全局思維所具有的重要意義和功能。由於以往的管理學者在從事此一議題之研究時，大多採取強加式客位（imposed etic）或共有式客位（derived etic）的研究方法（Berry, 1989），難以顯示華人組織中策略及管理的特色，所以本文特別強調本土心理學的「主位」（emic）研究取徑，認為要了解此一議題，必須將本體論／認識論／方法論同時考量，而不能只考慮方法論。基於此一前提，本文要從華人組織現代化的角度，說明人們在「科學微世界」和「生活世界」中所使用的理性和語言究竟有何不同，然後提出華人文化傳統中儒家與法家對比的一個概念架構，逐一說明：華人組織中德性領導、陰陽均衡、拿捏分寸，以及中庸思維在其策略和管理中所扮演的重要性。

壹、華人組織中策略管理的研究取徑

從跨文化心理學的角度來看，華人組織之策略與管理的研究取徑可以將之分成三大類：強加式客位（imposed etic）、共有式客位（derived etic），以及主位（emic）研究取向。所謂「強加式客位」研究取向，是以西方學者所發展出來的理論和研究工具，來研究華人社會中的組織行為，例如：以美國發展出來的「領導者與成員交換量表」（Leader-Member Exchange Scale，簡稱 LMX 量表），研究華人組織中領導者與部屬之間的關係，不論是單一向度，或是多向度的「LMX 量表」（例如：Liden & Maslyn, 1998），都有人用來研究華人社會中的上下關係。里頓與馬斯琳（Liden & Maslyn, 1998）的量表雖然包含情感（affect）、貢獻（contribution）、忠誠（loyalty），以及尊重專業（professional respect）等四個層面，但從研究方法論的角度來看，使用這種量表研究華人的組織行為，仍然是屬於強加式客位研究取向，並未將華人文化考量在內。

在心理學研究本土化運動興起之後，許多社會科學家在研究華人組織行為時，也會考量華人特有的文化因素，因而修改西方的理論與研究方法，例如：Law 等人認為，華人組織中「領導者與成員的關係」（leader member guanxi, LMG）和美國社會中「領導者與成員的交換」並不相同，他們因此以諸如吃飯、送禮等與工作無關的社會交換做為領導者與部屬間人際關係的操作性定義，建構了一份量表（Law, Wong, Wang, & Wang, 2000），Wong 等人（Wong, Tinsley, Law, & Mobley, 2003）又用同樣方法發展了另一份類似的量表。這種研究取向因為考慮華人特有的文化因素，而修改了西方的理論及研究方法，故可稱之為「共有式客位」的研究取向。

「共有式客位」的研究取向雖然號稱已將華人文化因素考慮在內，但它採取了「化約主義」的研究策略，企圖將華人文化化約成西方心理學理論所關心的幾個向度，這種策略其實並不能讓我們真正了解華人企業組織的運作。因此，本土心理學者主張「主位式」（emic）研究取向，認為要了解華人企業組織運作的特色，就必須針對華人社會中的文化價值（本體論），建構客觀的知識體系（知識論），再用現代社會科學的方法來從事研究（方法論）。以下各節將逐步說明本土心理學的這種研究策略。

貳、科學微世界與生活世界

在《儒家關係主義：哲學反思、理論建構與實徵研究》一書的第二章中，黃光國（2009）強調：非西方國家的現代化和西方國家並不相同，西方國家的現代化是由其文明內部滋生出來的，而非西方國家的現代化則是他們向西方國家學習，由其文明外部移植進來的。

▣ 語言工具與語言遊戲

為了說明這種移植進來的文明和非西方文明本質上的差異，該書特地從建構者、思維方式、理性種類、建構模式，以及世界觀的功能等五個層面，說明「科學微世界」和「生活世界」的不同。整體而言，「科學微世界」是科學家為了客觀認識外在世界中的某些特定事物，而採用笛卡爾（R. Descartes）「主／客」二元對立的方式，用工具性思考所建構出來的，在建構科學微世界的時候，所使用的每一個語言都必須清楚地界定，因而具有「語言工具」（language tool）的特色（Vygotsky, 1978）。

相對之下，人們在其「生活世界」中所使用的語言，是他們所屬的文化群體在其歷史的發展過程中，為了表徵其外在世界，而以參與於世界之中的方式，用原初性思考建構出來的。這樣建構出來的語言，並不像科學語言那樣，每一個概念都有清楚的界定，所以維根斯坦（L. Wittgenstein）稱之為「語言遊戲」（language game）。由於初民們並沒有從其賴以生存的自然環境中分離開來，他們用以表徵其外在世界的語言，也隨著他們所認識到的外在世界，而呈現出或多或少的相似性，維根斯坦（Wittgenstein, 1945）稱之為「家族相似性」（family resemblance）。

人們平常在其生活世界裡所玩的語言遊戲，和科學家用來建構科學微世界所使用的語言有本質性的差異。科學家在建構科學微世界時，其分類體系的不同類別必須窮盡而且彼此互斥；其每一個詞語，都必須要有清楚的定義。本文稍後在各節的分析，將會顯示：「陰／陽均衡」的概念，並不能滿足這樣的條件。然而，為了要了解華人組織的運作與策略管理，又不得不把這個概念說清楚。為什麼呢？

▣ 形式理性與實質理性

華人社會的現代化，基本上也是一種理性化的過程。用前述對「科學微世界／生活世界」的區分來看，華人組織的現代化，就是有愈來愈多的管理者會引用源自西方的科學知識，來幫助他們從事組織生產和管理的工作。然而，東亞社會的現代化，跟西方社會的現代化並不相同；西方社會的現代化是由其文明滋生出來的，而東亞社會的現代化則是從其文明外部移植進來的。我們可以用社會學大師韋伯（Max Weber, 1864-1920）的理論來說明這一點。

黃光國（2006, 2009）曾經引用韋伯（Max Weber）對於「形式理性／實質理性」兩者的區分，來說明「科學微世界／生活世界」在理性種類方面的不同。在《經濟與社會》（*Economy and Society*）一書中，韋伯（Weber, 1978）認為：從歐洲文藝復興運動發生之後，許多西歐國家在其科學、法律、政治、宗教等不同領域，都發生了理性主義勃興的現象。在他看來，歐洲文明展現出來的「理性主義」蘊涵一種獨特的「形式理性」（formal rationality），它和世界上其他文明所強調的「實質理性」（substantive rationality），是截然不同的（Brubaker, 1984）。「形式理性」強調的是做一件事時，「方法和程序的可計算性」（calculability of means and procedures），它重視的是「不具任何價值色彩的事實」（value-neutral fact）。相反的，「實質理性」則是指，根據某一清楚界定之立場所判定的「目標或結果的價值」（value of ends or results）。前者重視方法和程序，任何人都可以用同樣的方法和程序來追求自己的目標；後者重視目標或結果，對達成目標之方法或程序卻不做明確交代。只有少數熟諳這些特殊方法或程序的人，才能用以追求自己認為有價值的目標。

參、〈人情與面子〉的理論模型

從前述對「實質理性／形式理性」的區分來看，儒家倫理在本質上是一種「實質理性」，而不是「形式理性」。然而，我們要用社會科學的方法來研究儒家倫理對華人社會行動的影響，又必須要用「形式理性」來分析這種儒家倫理的「實質理性」。為了解決這樣的難題，我採用文化心理學「一種心智，多種心態」（one mind, many mentalities）的原則（Shweder et al., 1998），先建構一個〈人情與面子〉的普世性的理論模型（Hwang, 1987），再以之做為概念架構，分析儒家思想的內在結構（黃光國，2009）。

▣ 關係與交換法則

〈人情與面子〉的理論模型將互動雙方界定為請託者和資源分配者（Hwang, 1987），將之應用在組織的領域裡，它也可以用來分析領導者和被導者之間的關係。當請託者要求資源分配者將其掌握的資源做對他有利的分配時，資源分配者心裡所想的第一件事情是：「我們兩人之間的關係是什麼？」

〈人情與面子〉的理論模型將互動雙方的關係分成三類：情感性關係、混合性關係和工具性關係，並且假設：資源支配者傾向於以「需求法則」、「人情法則」和「公平法則」與對方進行社會互動。

所謂「情感性關係」，固然可能包括和個人關係親密的親戚或朋友，然而在儒家倫理影響之下，華人社會裡，對個人最重要的「情感性關係」，通常是指家庭成員之間的關係，個人跟家人互動，必須遵循「需求法則」。換言之，個人有義務必須盡一己之力，滿足家人的需要。

「工具性關係」通常是指陌生人之間的關係。在市場中進行交易的雙方，是最典型的「工具性關係」。他們之間的交易，通常必須遵循「公平原則」。

「混合性關係」通常是指個人和家人之外的熟人之間的關係。在這種關係中，交往雙方有一定程度的情感成分，但他們的情感成分又不像家人那樣深厚到可以隨時表現出真誠的行為。由於「混合性關係」並不是以血緣關係做為基礎，他們之間的關係必須藉由「人情法則」來不斷增強，當個人接受了對方的「人情」，他便有義務伺機回報，才能夠維繫雙方之間的關係。

肆、中國文化傳統中的儒家與法家

韋伯（Weber, 1978）認為：市場中的交易行為是「所有理性之社會行動的基本型態」，也是資本主義經濟秩序的基礎。在這種交易過程中，個人會以自己所欲獲得的財貨做為考慮，精打細算地追求自己的最大利益，而將「神聖的禁忌、特殊群體的特權，或者對兄弟尊長的義務」一律排除在外，不予考慮。以「客觀理性」的精打細算來追求「主觀理性」的實質利益，這種兼具雙重理性的交易行為，韋伯稱之為「形式理性的經濟行動」；相反的，如果一項交易的目的不具備此種特性，而是為了要達成某一特殊群體的目標，滿足該團體的利益，或維護該團體的價值，則稱之為「實質理性的經濟行動」。

回 儒法鬥爭

從這個角度來看，在儒家文化傳統的影響之下，華人以「需求法則」和屬於「情感性關係」的家人進行互動，或是以「人情法則」和屬於「混合性關係」的熟人進行互動，都是屬於「實質理性」的行動。然而，這並不是說：華人的文化傳統中沒有「形式理性」的成分。在〈法家的領導理論及其在儒家社會中的功能〉一文中（Hwang, 2008），我曾經指出：在儒家文化中，最強調「形式理性」的是法家，而不是道家。

跟儒家對照之下，法家思想基本上是在古代中國權威文化中形塑而成的組織理論。在中國歷史上，許多統治者經常用它來鞏固自己的權力，在當代社會，它也常為組織中的管理者所用。法家式的組織類似於西方文藝復興後廣為盛行的科層組織。儒家的文化傳統強調仁與情，尤其是庶人倫理，常跟法家思想有所衝突，因此在社會中樞的兩派菁英，經常針對政治、社會或文化議題產生激烈的論辯（Eisenstadt, 1966），構成了中國歷史上所謂的「儒法鬥爭」，有權力的決策者經常必須在人情與公平法則間做決定。即使在現代的中國社會，這兩種價值間的鬥爭仍然一再重演，並對一個公司或國家的運作產生直接或間接的影響。

▣ 一個概念圖式

為了闡明儒法鬥爭的重要內涵，我曾經提出一個概念圖式，從五個重要層面比較這兩種不同學派的思想（黃光國，1995），包括：價值取向、社會規範、分配法則、分配判準，以及決策權力（如表 4-1 所示）。儒家主張一種差序倫理，它對士與庶人各有不同期許。庶人只需在家庭與熟人範圍內實踐「仁—義—禮」的倫理體系即可，社會組織的指引原則為家庭主義，並由禮節規範社會行為。家庭中掌握資源分配權力的決策者為父權長老。當他分配資源給他人時，首要考量的是他與資源接受者之間的血緣關係，故經常依據需求法則進行資源分配。

儒家對士（讀書人）卻有完全不同的期許。士必須以道濟世，並將實踐仁道的範疇拓展到個人與家庭之外的整個社會，一個士實踐仁道的範圍愈廣，其道德成就愈高，儒家思想的理想目標就是要追求一個和平的和諧世界。

表 4-1　儒家與法家間五種主要面向的比較

	儒家		
	庶人倫理	士之倫理	法家
1. 價值取向	家庭主義	集體主義	個人主義與集體主義
2. 社會規範	特殊性禮節	普世性仁道	普世的法
3. 分配法則	需求法則	平等法則	公平法則
4. 分配判準	血緣關係	社群法則	貢獻性
5. 決策權力	父權主義	菁英主義	統治者

資料來源：Hwang（1995, p.26）

一個真正的士，必須要在超越家庭之外的社群與社會組織中實踐仁道，因此士所遵循的價值取向可以稱為集體主義。根據儒家的士之倫理，在集體中社會行動的規範是仁，團體中所有重要的資源都應由具有道德素養的士依據平等法則來進行分配，團體中的每個成員也都能平等地獲得應有的資源。

當法家領導者在評估如何對屬下進行獎懲時，考量的是下屬對組織目標的貢獻，而不是血緣關係或團體情誼；因此，他們社會行動的指引方針必須結合個人主義與集體主義，既要辨別個人利益的合法性，又要提倡法律的普遍適用性，此時法家是個人主義的。然而，由於法家認為必須將組織與國家目標超越於家庭與派系之上，所以它又是集體主義的。在中國封建帝制社會中，創造出這種儒家與法家部分傳統的巧妙結合，並維持了數百年之久。

伍、現代中國社會中的儒家與法家

前文說過，西方國家的現代化，是從其文明內部滋生出來的；而包括中國在內的非西方國家，其現代化的質素是由其文化外部移植進來的。按照近代西方政治學的民主理念，所謂「法治」是指「法治主義」（rule of law），不論是司法機關所執行的「法」，或是行政機關「依法行政」時所根據的「法」，都必須經過立法機關的同意，而立法機關的成員又必須經過選舉，才能夠充分代表民意。在「法治主義」的觀念下，統治者和被統治者之間的關係，基本上是一種契約性的關係，統治者對被統治者所施的一切作為，都必須經過大多數被統治者的同意。這和法家思想中統治者由上而下的「依法統治」（rule by law），有其本質上的不同。

▣ 現代版的儒法鬥爭

中國目前雖然維持共產黨執政的政治體制，但其基礎、結構和職能都發生了重大變化。共產黨執政的政府不再主張「共產」及公有制，而是以發展經濟為己任，提出「發展是硬道理」，強調建立「和諧社會」。政府也不再直接組織生產，而是轉變職能，服務於市場，在競爭中充當「裁判員」，調和社會不同集團之間的利益。

在中共決定在經濟上走「改革開放」路線的1980年代初期，中國政府的體制十分龐大，國家幾乎控制住所有的資源，在那樣的體制之下，所有的人都是一樣的貧困。當時中共採取「讓一部分人先富起來」的政策，結果就像同一時期轉型的前蘇聯或其他東歐國家一樣，先致富的主要包括兩種人：第一種人是占有國家資源的政府官員，他們在市場化的過程中，將公共資源轉化為個人財富；第二種人則是富有冒險精神的企業經營者，他們因為各種不同的理由，而決心脫離舊有體制，靠自己的智慧和努力致富。由於政府的法律制度存在著許多「漏洞」（Bian, 2002），他們之中有些人即利用法令規定不清楚的「灰色地帶」賺錢。在另一方面，社會大眾則是要求政府制訂更公平的法律制度來防堵「漏洞」；政府行政部門也相對應地產生出兩種力量的抗衡，迫使政府必須主動或被動地修改法令，並逐漸對社會讓出部分權力，中國社會的現代化則可以看做是兩股對反的勢力進行儒法鬥爭的動態歷程。

▣ 兩種關係

掌握權力者利用關係網絡和「人情法則」謀取私人利益的作法，固然是從傳統儒家文化的一種衍生物，但它和傳統文化中所說的「人情法則」並不相同。Su 與 Littlefield（2001）將「關係」區分為以文化做為基礎的「親友關係」，它是指親戚或朋友之間的情感交換，以及以機構來界定的「權力關係」，它是指權力和利益的交換，用圖4-2〈人情與面子〉的理論模型來看，這兩種關係都是個人與屬於「工具性關係」的他者，以「人情法則」進行互動，並將雙方之間的「關係」轉化為「混合性關係」。但前者是指在傳統中國文化裡，一般人為了解決工作和生活的問題，而尋求親友合法的幫忙；後者則是指中國當代社會主義市場中，掌握權力者政經勾結的腐化與尋租行為。

再用表4-1的理論架構來看，任何一個機構都訂有管理的規章制度。有些機構所訂的管理制度可能因為各種因素而不夠完善，形成所謂的「機構的漏洞」（institutional holes）。這時候，請託者便可能透過各種管道，跟機構內掌握決策權力的資源分配者「拉關係」，以「人情法則」跟對方互動，並

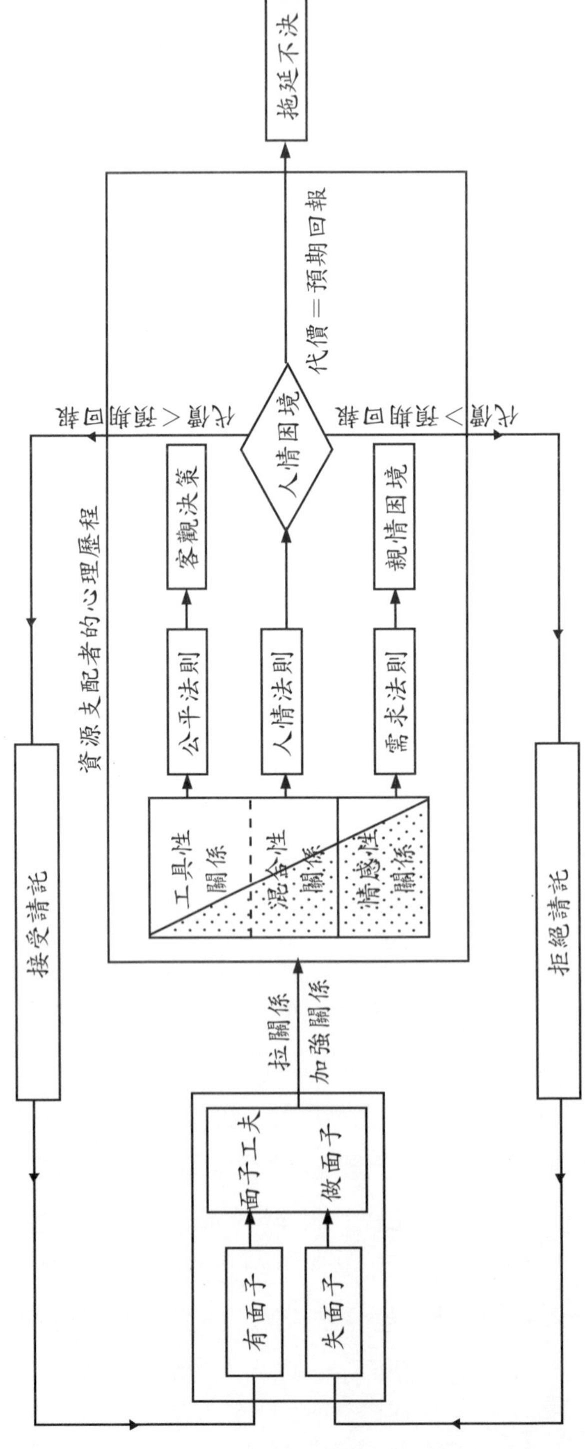

1. 自我概念　2. 印象裝飾　3. 角色套繫　1. 關係判斷　2. 交換法則　3. 心理衝突

圖 4-2　〈人情與面子〉的理論模型

將雙方之間的關係轉化成為所謂的「尋租式關係」。這裡所講的「租」，是經濟學中「租稅」的另類定義。它是指科層體制中的掌權者，藉由操控政府政策，在使用某種獨占性資源的代價之外價索取的回報（Buchanan, 1980; Su & Littlefield, 2001）。所謂「尋租」則是指：在不完全的市場中，決策者因為有權力以低於市場的平均價格來支配某種資源而導致的貪污行為（Tullock, 1996）。

◘ 官員的兩種類型

在中共當前的政治結構下，中共「黨管幹部」的體制決定了中國正副官員的職業升遷。1980 年代初期，鄧小平提出「幹部四化」的標準，要求上級政府依據革命化、知識化、年輕化、專業化等四項標準，來衡量下級官員是否具備晉升的資格。在這四項標準中，最具客觀性的「年輕化」變成了政府官員晉升的鐵律。為實踐幹部「年輕化」的要求，中央政府不僅廢止了終身制，制訂了強制退休年齡，而且，每一層級的政府工作崗位都擬定了候選官員的年齡標準，例如：在縣的一級領導班子中，包括縣委書記、縣長、縣委副書記、副縣長等關鍵崗位的官員，上任時不得超過四十五歲；縣委常委中至少有一名委員的年齡不得超過三十五歲。

年齡硬指標對中國政府官員的職業生涯之規劃產生了巨大影響。「年輕化」的非意圖性後果（unintended consequence）使政府官員劃分為兩種類型：一類是「升遷型官員」（promotable officials），即有可能獲得進一步晉升或有希望被提拔到理想職位的官員；另一類是「終結型官員」（terminal officials），即受到崗位年齡限制不再擁有晉升機會，卻又尚未達到退休年限的官員。

◘ 尋升與尋租

職業前景的差異，使這兩類官員產生了截然不同的生涯目標。大多數「升遷型官員」以追求晉升為首要目標，為了要在科層制的階梯中往上攀登，他們必須努力迎合上級政府制訂的考核標準。目前的中央政府是以「晉升錦標賽的治理模式」對地方政府官員進行橫向考核；尤其是各地方政府的「一把手」，其相對政績必須在同級縣市中脫穎而出，方有可能獲得晉升。

這個機制使「升遷型官員」產生出極力追求政績的強烈動機。為了提高自己在政治領域的績效，「升遷型官員」通常會致力於發展當地的經濟，努力在政績競賽中爭取勝出，而相鄰行政區域的官員們也會在就業率、工業生產總值、稅收、外匯收入、GDP 增長率等關鍵經濟指標上，展開白熱化的競爭。

他們一方面會透過投資基礎建設、制訂區域發展規劃、扶助重點行業、協助當地企業融資、協調企業間關係、促進企業和其他機構的合作等間接干預之方式，大力扶持民營經濟；另一方面，又會不斷地利用各種優惠的稅率、地價或服務政策，以招徠外來投資者；結果使地方政府也呈現出「強發展型政府」的明顯特徵。

和「升遷型官員」對比之下，因年齡受限而晉升無望的「終結型官員」，在職業生涯終止之前，或者在人大、政協擔任非機要的職位，或者在閒置崗位上進入半退休狀態。由於權力旁落的失意以及對退休後物質生活的焦慮，有些「終結型官員」開始關心其個人經濟收益的多少，而熱中於「尋租」（Lu, 1999）。他們非常了解「權力不用，過期失效」的道理，並且傾向於充分利用手中的權柄，謀求私人利益（Ngo, 2008）。

◘ 政府行為的雙重性

政府官員的尋租，不僅增強了貪污腐敗的官場風氣，而且滋生出中國民營企業的政治依附傾向。由於企業家無法依靠法律體系來保護自己的權益，他們只好與政府官員建立「恩庇—侍從」關係的個人聯繫。中國企業與政府之間縱向聯繫的重要性，甚至超過了他們和商業合作伙伴之間的橫向關係（Kennedy, 2002, 2005a）。有些西方政治學家因此認為，掠奪性的尋租政府可以說是中國民間經濟成長的最大阻力（Kennedy, 2002, 2005b）。

發展與尋租使中國各級政府的行為呈現出極為鮮明的雙重性：從個人層面來看，政府官員中既有竭力追求政績和財政收入的發展型官員，又有以謀求私人經濟利益為目標的尋租型官員；從組織層面來說，各級政府既是強調正式制度的強發展型政府，又是存在制度外活動的尋租型政府（Zhang, 2008）。「發展面向」與「尋租面向」交替的二元制度結構，使得民營企業一方面必須迎合政府需要，以獲取政府的保護和扶持；一方面又必須與政府官員發展特殊關係，成為某些官員尋租的對象。

總而言之，經歷過去三十年的演變，當代中國政府官員不再是嚴格意義上的「革命幹部」，但也沒有成為政治學家理想中按照國家法令行事的「現代官僚」。他們從事管理工作時的決策模式反倒很像企業組織中的經營者，兩者都必須重視「陰／陽均衡」。

陸、陰／陽均衡的管理策略

「陰／陽均衡」是華人在其生活世界中常用的一個概念，出自於《易經》。《易經》原本是由卜筮記錄編纂而成的一部占筮書，它反映了夏商時代的巫術文化傳統，也反映了古代政治、經濟、文化結構，以及人民的風俗習慣與生活方式。

▣ 人道與天道的結合

《漢書・儒林傳》說：孔子晚年喜好讀《易經》，甚至「韋編三絕」，並寫了十篇解讀《易經》的著作，稱為「十翼」，合稱《易傳》。他在《易傳》中提出「一陰一陽之謂道」的基本命題，並用陰陽對立的衍生變化，來說明宇宙間萬事萬物運作的根本道理。

> 「是故易有太極，太極生兩儀，兩儀生四象，四象生八卦，八卦生吉凶，吉凶生大業。」（《繫辭上傳》第十一章）

「昔者聖人之作易也，將以順性命之理；是以立天之道，曰陰與陽；立地之道，曰柔與剛；立人之道，曰仁與義。兼三才而兩之，故易六畫而成卦。分陰分陽，迭用柔剛，故易六位而成章。」（《說卦傳》第三章）

在《繫辭下傳》中，孔子說：《易經》這本書，「廣大悉備，有天道焉，有人道焉，有地道焉」。在前述《繫辭上傳》和《說卦傳》的這兩段引文中，則說明：《易經》八八六十四卦中，每一卦的結構都兼備天、地、人三才之道，而以六畫之爻象之。六畫之卦，以初、三、五為陽位，以二、四、六為陰位，再更迭六爻之柔剛以居之，由交錯的卦象，則可以看出天地間之文理。

「昔者，聖人之作易也，幽贊於神明而生蓍，參天兩地而倚數，觀變於陰陽而立卦，發揮於剛柔而生爻，和順於道德而理於義，窮理盡性以至於命。」（《說卦傳》第一章）

孔子對《易經》的解釋，將原本為卜筮之書的《易經》轉變成為一本重要的哲學著作，也讓他所主張的「人道」和他所篤信的「天道」互相合轍，這種「天人合一」的世界觀對後世的中國人產生了重大影響。然而，《繫辭上傳》第五章說：

「一陰一陽之謂道，繼之者善也，成之者性也。仁者見之謂之仁，知者見之謂之知，百姓日用而不知，故君子之道鮮矣。」

「道」是宇宙萬物之生化原理，屬於形而上的超越層次，唐君毅（1961）在《哲學概論》一書中認為：「道」之呈現其大用，為陽之生，陰之化；能繼續此生生化化，化化生生，以至於無窮無盡者，即是「善」，其流注於個體生命而終有所成，則謂之「性」。「道」雖然隨時踐履於百姓的日常生活之中，它卻是不可知、不可見的，人們在觀念上也不會清楚覺察到「道」的運作。人們經常覺察到的是「陰／陽」以及由此衍生而出的「晝／夜」、「日／月」、「天／地」、「明／暗」、「柔／剛」等對比的概念。

◻ 陰／陽的雙元視角

由於這些對比的概念均是由「陰／陽」衍生而來，所以「陰／陽」可以說是它們的「根源性隱喻」（root metaphor），跟一般的「隱喻」有所不同（Chen, 1972）。不僅如此，「陰／陽」既不是二元對立的概念，也不是兩個可以清楚界定的範疇（categories），而是「陽中有陰，陰中含陽」，陽氣盛極可以逐漸為陰，陰氣漸弱也可以滋生出陽。這樣一組對立的概念顯然不是傅柯（Foucault, 1966/1970）所說的「經典的知識型」（classical episteme），也不是「現代的知識型」（modern episteme），不可能用來建構「科學微世界」（Hwang, 2006, 2008），但它卻是華人在其生活世界中經常使用的一組概念。尤其是華人組織中的領導者在做決策的時候，更是經常使用「陰／陽均衡」的概念。

李平（Li, 1998）曾經從組織管理的角度指出：中國人「陰／陽雙元視角」（duality lens of Yin-Yang）包含了三個主要的原則：

1. 整體原則（The holistic tenet）：「陰／陽」兩者既彼此構成一整體，又包含有對反的成分；此一原則說明：一個實體（entity）的完整性（completeness）必須由其對反的矛盾性（inconsistency）來予以調和，兩者是相對的。
2. 動態原則（The dynamic tenet）：「陰／陽」兩者會由一種弱勢的力量發展成為一種主導力量，然後再融入其對反的成分之中；此一原則說明：每一成分與其對反的力量都是持續不斷在變化之中，既強化自身，同時又可能弱化自身，兩者是相對的。
3. 辨證原則（The dialectic tenet）：每一實體都由兩種對反的成分（即

黑、白兩種成分）組合而成；此一原則說明：這兩種對反力量在不同時間，會以不同程度，對彼此的不同層面，或者彼此互相否定，或者彼此互相肯定，兩者也是相對的。

換言之，組織中的領導者必須考量其所面對的主、客觀情境，考量情境中存在的「正／反力量」（陰／陽），試圖在時間及空間上予以整合（Fung, 1970; Graham, 1989; Li, 2007），以保持其「心理社會均衡」（psychosocial homeostasis）（Hsu, 1971; Hwang, 2006, 2008），而不是西方心理學家所強調的「認知一致性」（cognitive consistency）（Festinger, 1957）。這種管理和決策的模式，其實就是儒家所謂的「中庸」，它是把各種對反的力量以和諧的方式整合在一起，是在分歧中求取一致（diversity-in-unity）（Li, 1998, 2007），而不是一般人常說的中國人傾向於逃避衝突。

柒、倫理領導

在本文論述「關係」的脈絡裡考量「陰／陽均衡」的概念，中國人往往有「陽儒陰法」的說法。換言之，組織的領導者必須以儒家的價值觀來處理組織內、外各種不同的問題，並輔之以法家的規章制度。

▣ 儒法互補

更清楚地說，由於「尋租式關係」的後果是個人或其代表的公司獲得利益，而整個社會付出代價（Fan, 2002），針對中國社會中常見的「尋租現象」，中國社會的內部也會產生出一種力量，試圖來加以抑制。這兩種抗拒力量所產生的緊張性在中國歷史上經常演變成為「儒法鬥爭」，用表 4-1 的理論架構來看，這種變遷如果是由領導者所發動，稱之為「儒法互補」更為恰當。這是組織的領導者用儒家的行動智慧來增進公司與利益關係者之間的關係，但是用法家的治術來抑制「尋租式關係」，並增進企業的社會責任。這種作法，有人稱之為「企業的均衡觀」（balanced concept of the firm）

（Enderle, 2001），和西方文獻中所討論的「企業社會責任」（corporate social responsibility）、利益關係者取向（stakeholder approach），或社會契約理論（social contract theories），均有所不同。

此處必須強調的是：華人社會是個講究上下關係的縱向社會，和西方個人主義社會強調人與制度間的互動並不相同。用表 4-1 的概念架構來看，對於華人組織的領導者而言，他最重要的任務，就是聽取組織中核心幹部的建議，針對客觀環境的挑戰，訂定清晰的組織目標，跟部屬做充分的溝通，激發部屬為達成「大我」的組織目標，彼此分工合作的意願。

◘「大我」的合作目標

我們可以用約瑟夫（Tjosvold）所做的一系列研究來說明這個論點。Wong、Tjosvold 與 Lee（1992）先以北美地區（加拿大）企業組織中工作的四十位華裔員工為參與者，探討他們對合作、競爭和獨立等三種目標設定方式的反應。結果顯示：在衝突情境中設立合作目標的人，比較能夠以開放的心胸討論問題。這種建設性的互動方式，有助於他們的工作效率，加強他們的工作關係，在工作上進展順利，並對未來的合作抱著信心。

接著，他們又以一系列的研究，探討華人的傳統價值觀和文化先決條件對合作和競爭的衝突管理方式之影響，例如：Tjosvold 與 Sun（2001）以八十位華人大學生為參與者，用實驗方法探討溝通方式（說服或強制）和社會脈絡（合作或競爭）對於衝突的影響。在每次實驗中，每兩位參與者必須和兩位實驗者的同謀一起討論工作的分配。結果顯示：說服所傳遞的訊息是尊重，並有助於發展合作的關係；強制會傳遞出不尊重，它會助長彼此之間的競爭，造成對於談判對手和對立觀點的排斥。

約瑟夫和他的同僚繼續以中國南部（上海）外資企業中的華籍員工為參與者，以關鍵事件技術（critical incident technique）探討他們和美國或日本經理之間的互動。不論是訪談的質化分析，或者研究資料的統計分析都顯示：合作式而不是競爭或獨立式的衝突管理方式，有助於華人員工加強他們對外籍經理的信任和投入，能改善雙方關係的品質，提高他們的生產力（Chen, Tjosvold, & Fang, 2005），並增進其團隊效能（Tjosvold, Poon, & Yu, 2005）。

之後，Chen 與 Tjosvold（2006）以在中國大陸地區受雇於各種不同企業的一百六十三名華人員工為對象，探討他們和華人及美國經理人之間的關係，以及他們參與的效能。研究結果顯示：不論是對華人或外國經理人，合作的目標有助於加強他們和屬下關係的品質，以及雙方之間的互動。關係的品質又可以提升有效的參與領導，包括：共同決策的機會、不同觀點間開放的討論，以及建設性的爭議。他們因此認為：合作的目標和華人對關係的價值可以克服文化之間的障礙，並發展出參與式的領導。他們也認為：不論是在文化之內，或是跨越文化疆界，合作式的衝突管理很可能是克服障礙並發展有效領導關係的重要方法（Chen & Tjosvold, 2007）。

◘ 開放的溝通

在說明他們的研究結果時，他們也注意到社會面子（Tjosvold, Hui, & Sun, 2004）和以非語言溝通表達溫暖（Tjosvold & Sun, 2003），在華人衝突解決過程中所扮演的角色。他們認為：社會臉面可以解釋東亞人民掩飾衝突的傾向。在他們所做的實驗和田野訪問（field interview）顯示：在表達溫暖或面子受到肯定的情況下，華人參與者會問較多的問題，能探索對方的觀點，對於對方的論點有更多的了解，並會設法整合不同的論點。不僅如此，在先前有堅強關係及合作目標的情況下，華人經理和部屬更容易彼此合作，而能提高生產力，並加強關係。因此，他們認為：只要能夠做建設性的管理、避免衝突，有助於加強業已存在的有效關係（Tjosvold & Sun, 2002）。

約瑟夫的研究團隊企圖用這一系列的研究發現來挑戰西方理論的偏見。他們強調：華人不僅推崇關係取向的民主領導方式，而且在合作目標的脈絡下，他們也能夠用建設性的方式，來從事開放的討論（Tjosvold, Hui, & Law, 2001; Tjosvold, Leung, & Johnson, 2006）。值得注意的是：在他們的研究中，合作、競爭或獨立目標的設定都是由領導者所安排的。換言之，在華人組織中的領導必須能夠盱衡大局，一方面界定組織目標，另一方面運用各種人際關係的技巧，來帶領屬下；這種領導方式，有人稱為「倫理領導」（ethical leadership）（Wu, 2004），有人則稱之為「德性領導」（moral leadership）（Cheng, 2004; Farh, Liang, Chou, & Cheng, 2008）。

捌、結論：本土心理學的研究策略 

在解釋華人社會中關係盛行的現象時，有一派持制度論的學者認為：這種現象是肇因於中國法律管理機制的不完備（Guthrie, 1998, 2002; Xin & Pearce, 1996），在市場取向的經濟改革及市場機制建立之後，人們對於關係的依賴，尤其是其造成貪腐的面向，必然會逐漸減弱，並淡化至次要地位。

這場辯論的另一派則認為：「關係」深植於中國文化之中，是在過去兩千年中形成並且不斷受到增強，例如：帕內爾（Parnell, 2005）認為：就華語世界整體而言，「關係」是「主要的非正式、非官方的機制」。依照這種文化的觀點，「關係」現象絕非是暫時性的。Boisot 與 Child（1996）甚至認為：中國文化傳統會把經濟改革形塑成一種「擬似家族網絡」和資本主義（clan-like network capitalism），「關係」也很可能變成中國經濟的標籤。Yang（2002）也有類似觀點，他認為：中國採行資本主義體制之後，「關係」的某些面向可能逐漸式微，但其他面向卻可能適應市場經濟，並在新環境中找到茁壯成長的空間。

回 制度論者所看到的尋租式關係

事實上，這兩種觀點都只看到問題的一個層面而已。用本文的角度來看，制度論者企圖用制度來規約的是「尋租式關係」，而不是「尋情式關係」。舉例言之，Yi與Ellis（2000）的研究顯示：中國大陸和香港的行政人員都同意「關係」的正面利益，但這兩個群體對「關係」的不利之處卻有完全不同的看法。香港的行政人員認為：利用「關係」，不僅花費更大，更耗費時間，而且更可能導致腐化。

Tan、Yang與Veliyath（2009）在中國西部兩個省份對中小企業所做的研究顯示：隨著中國由中央控制的計畫經濟轉向市場經濟，對政府及企業使用個人「關係」，以及使用「關係」的信任度，都會隨之降低。

Su、Yang、Zhuang、Zhou與Dou（2009）則發現：企業代表人之間的溝通，會受到彼此之間關係的影響，但卻不會受到他們跟政府之間關係的影響。換言之，企業通常傾向於以人與人之間直接溝通的方法，來解決彼此之間的衝突和摩擦，而不希望藉由政府的中介。

◘ 文化論者所看到的關係

很明顯地，這些研究所討論的是「尋租式關係」。相反的，文化論者所考量的關係則包含兩者，既是「尋租式關係」，又是「尋情式關係」。舉例言之，汪克（Wank, 1999, 2002）對中國廈門地區民營企業經營者所做的田野研究顯示：在中國實施改革開放政策之後，在經濟活動中，「關係」仍然扮演著重要的角色。

諾倫（Nolan, 2010）以二百位在中國曾經從事銀行治理改革而有豐富經驗的西方銀行資深經理為對象，對他們進行深度訪談。他的結論是：在中國銀行業內部及外部環境中持續存在的「關係」文化會妨礙改革；但在諸如臺灣及新加坡等亞洲其他經濟體所做的研究卻顯示出，在企業的介聘過程中，「關係」仍然扮演著重要的角色（Bian & Ang, 1997; Hsing, 1998）。Chen、Li 與 Liang（2011）則發現：即使在沒有明顯經濟利益的情況下，仍然有許多民營本土企業會設法與政府建立政治關係。在過去二十年中，曾經建立這種關係的企業主數目，其實是日益增加的。

這些研究所討論的「關係」顯然包含兩者。由此可見，倘若我們要研究華人組織的領導和管理策略，就必須針對我們所要研究的問題先在知識論的層面上做理論分析，導衍出合理的假設，然後在方法論的層面上再設計適當的研究工具和程序，從事實徵研究。舉例言之，這種理論建構還必須能夠和自己的文化傳統掛勾，能夠說明我們在生活世界中所觀察到的現象，「科學微世界」跟「生活世界」的隔閡澈底消除，量化研究跟質化研究的結果可以互相解釋，本土心理學的研究才能說是真正達到了「道通為一」的目標。

本文原為英文版，原載於：

Hwang K. K. (2012). The strategic management of Yin/Yang balance and ethical leadership in Chinese organizations. In C. L. Wang, D. L. Ketchen & D. D. Bergh (Eds.), *West meets east: Challenges and opportunities for research methodology in strategy and management* (pp. 217-241). New York, NY: Elsevier Science.

參考文獻

唐君毅（1961）：《哲學概論》（上）、（下）。香港：孟氏教育基金會。

黃光國（1995）：〈儒家價值觀的現代轉化：理論分析與實徵研究〉。《本土心理學研究》，第 3 期，276-338。

黃光國（2006）：〈現代性的不連續假設與建構實在論：論本土心理學的哲學基礎〉。載於《儒家關係主義：文化反思與典範重建》。臺北：臺灣大學出版中心。

黃光國（2009）：《儒家關係主義：哲學反思、理論建構與實徵研究》。臺北：心理出版社。

Berry, J. W. (1989). Imposed etics-emics-derived etics: The operationalization of a compelling idea. *International Journal of Psychology, 24*, 721-735.

Bian, Y. (2002). Institutional holes and job mobility processes: *Guanxi* mechanisms in China's emergent labor markets. In T. Thomas, G. Doug & D. Wank (Eds.), *Social connections in China: Institutions, culture, and the changing nature of guanxi* (pp. 117-136). Cambridge, UK: Cambridge University Press.

Bian, Y., & Ang, S. (1997). Guanxi networks and job mobility in China and Singapore. *Social Forces, 75*, 981-1005.

Boisot, M., & Child, J. (1996). From fiefs to clans and network capitalism: Explaining China's emerging economic order. *Administrative Science Quarterly, 41*, 600-628.

Brubaker, R. (1984). *The limits of rationality: An essay on the social and moral thought of Max Weber*. London, UK: George Allen & Unwin.

Buchanan, J. M. (1980). Rent-seeking and profit-seeking. In J. M. Buchanan, R. D. Tollison & G. Tullock (Eds.), *Toward a theory of rent-seeking society* (pp. 3-15). College Station, TX: Texas A&M University Press.

Chen, S. C. (1972). How to form a hexagram and consult the I Ching. *Journal of the American Oriental Society, 92*(2), 237-249

Chen, Y. F., & Tjosvold, D. (2006). Participative leadership by American and Chinese managers in China: The role of relationships. *Journal of Management Studies, 43*, 1727-1752.

Chen, Y. F., & Tjosvold, D. (2007). Co-operative conflict management: An approach to strengthen relationships between foreign managers and Chinese employees. *Asia Pacific Journal of Human Resources, 45*, 271-294.

Chen, Y. F., Tjosvold, D., & Fang, S. S. (2005). Working with foreign managers: Conflict management for effective leader relationships in China. *International Journal of Conflict Management, 16*, 265-286.

Cheng, C. Y. (2004). A theory of Confucian self-hood: Self-cultivation and free will in Confucian philosophy. In K. L. Shun & D. B. Wong (Eds.), *Confucian ethics* (pp. 124-147). Cambridge, UK: Cambridge University Press.

Eisenstadt, S. N. (1966). *Modernization, protest and change*. Eaglewood Cliffs, NJ: Prentice-Hall.

Enderle, G. (2001). Integrating the ethical dimension into the analytical framework for the reform of state-owned enterprises in China's socialist market economy: A proposal. *Journal of Business Ethics, 30*(3), 261-276.

Fan, Y. (2002). Guanxi's consequences: Personal gains at social cost. *Journal of Business Ethics, 38*(4), 371-380.

Farh, J. L., Liang, J., Chou, L. F., & Cheng, B. S. (2008). Paternalistic leadership in Chinese organizations: Research progress and future research directions. In C. C. Chen & Y. T. Lee (Eds.), *Leadership and management in China: Philosophies, theories, & practices* (pp. 171-205). London, UK: Cambridge University Press.

Festinger, L. (1957). *A theory of cognitive dissonance.* Stanford, CA: Stanford University Press.

Foucault, M. (1966/1970). *The order of things: An archaeology of the human sciences* (Alan Sheridan-Smith, Trans.). New York, NY: Random House.

Fung, Y. (1970). *The spirit of Chinese philosophy*. Westport, CT: Greenwood Press.

Graham, A. C. (1989). *Disputers of the Tao: Philosophical argument in ancient China.*

Chicago, IL: Open Court Publishing Company.

Guthrie, D. (1998). The declining significance of *guanxi* in China's economic transition. *The China Quarterly, 154*, 254-282.

Guthrie, D. (2002). Information asymmetries and the problem of perception: The significance of structural position in assessing the importance of *guanxi* in China. In T. Thomas, G. Doug & D. Wank (Eds.), *Social connections in China: Institutions, culture, and the changing nature of guanxi* (pp. 37-56). Cambridge, UK: Cambridge University Press.

Hsing, Y. T. (1998). *Making capitalism in China: The Taiwan connection*. New York, NY: Oxford University Press.

Hsu, F. L. K. (許烺光) (1971). Psychological homeostasis and jen: Conceptual tools for advancing psychological anthropology. *American Anthropologist, 73*, 23-44.

Hwang, K. K. (1987). Face and favor: The Chinese power game. *American Journal of Sociology, 92*, 944-974.

Hwang, K. K. (1995). The struggle between Confucianism and legalism in Chinese society and productivity: A Taiwan experience. In K. K. Hwang (Ed.), *Easternization: Socio-cultural impact on productivity* (pp. 15-46). Tokyo, Japan: Asian Productivity Organization.

Hwang, K. K. (2006). Constructive realism and Confucian relationism: An epistemological strategy for the development of indigenous psychology. In U. Kim, K. S. Yang & K. K. Hwang (Eds.), *Indigenous and cultural psychology: Understanding people in context* (pp. 73-108). New York, NY: Springer.

Hwang, K. K. (2008). Leadership theory of legalism and its function in Confucian society. In C. C. Chen & Y. T. Lee (Eds.), *Leadership and management in China: Philosophies, theories and practices* (pp. 108-142). Cambridge, UK: Cambridge University Press.

Kennedy S. (2002). *In the company of markets: The transformation of china's political economy*. Ph. D. Dissertation, The George Washington University, Washington, DC.

Kennedy, S. (2005a). Soft sell: China learns to lobby. *China Business Review, 32*, 32-34.

Kennedy, S. (2005b). *The business of lobbying in China*. Cambridge, MA: Harvard University Press.

Law, K. S., Wong, C., Wang, D., & Wang, L. (2000). Effect of supervisor-subordinate guanxi on supervisory decisions in China: An empirical investigation. *International Journal of Human Resource Management, 11*, 751-765.

Li, P. P. (1998). Toward a geocentric framework of organizational form: A holistic, dynamic and paradoxical approach. *Organization Studies, 19*, 829-861.

Li, P. P. (2007). Social tie, social capital, and social behavior: An integrated framework of informal exchange. *Asia Pacific Journal of Management, 24*, 227-246.

Liden & Maslyn (1998). Multidimensionality of leader-member exchange: An empirical assessment through scale development. *Journal of Management (JofM), 24*(1), 43- 72.

Lu, X. (1999). From raking-seeking to rent-seeking: Changing administrative ethos and corruption in reform China. *Crime, Law and Social Change, 32*, 347-370.

Ngo, T. (2008). Rent-seeking and economic governance in the structural nexus of corruption in China. *Crime, Law and Social Change, 49*, 27-44.

Nolan, J. (2010). The influence of western banks on corporate governance in China. *Asia Pacific Business Review, 16*, 417-436.

Parnell, M. F. (2005). Chinese business guanxi: An organization or non-organization? *Journal of Organizational Transformation & Social Change, 2*, 29-47.

Shweder, R. A., Goodnow, J., Hatano, G., Le Vine, R., Markus, H., & Miller, P. (1998). The cultural psychology of development: One mind, many mentalities. In W. Damon (Ed.), *Handbook of child psychology (Vol. 1): Theoretical models of human development*. New York, NY: John Wiley & Sons.

Su, C., & Littlefield, J. E. (2001). Entering guanxi: A business ethical dilemma in Mainland China? *Journal of Business Ethics, 33*(3), 199-210.

Su, C., Yang, Z., Zhuang, G., Zhou, N., & Dou, W. (2009). Interpersonal influence as an alternative channel communication behavior in emerging markets: The case of China. *Journal of International Business Studies, 40*, 668-689.

Tan, J., Yang, J., & Veliyath, R. (2009). Particularistic and system trust among small and medium enterprises: A comparative study in China's transition economy. *Journal of Business Venturing, 24*, 544-557.

Tjosvold, D., & Sun, H. F. (2001). Effects of influence tactics and social contexts in conflict: An experiment on relationships in China. *International Journal of Conflict Management, 12*, 239-258.

Tjosvold, D., & Sun, H. F. (2002). Understanding conflict avoidance: Relationship, motivations, actions and consequences. *International Journal of Conflict Management, 13*, T142-164.

Tjosvold, D., & Sun, H. F. (2003). Openness among Chinese in conflict: Effects of direct discussion and warmth on integrative decision making. *Journal of Applied Social Psychology, 33*, 1878-1879.

Tjosvold, D., Hui, C., & Law, K. S. (2001). Constructive conflict in China: Cooperative conflict as a bridge between east and west. *Journal of World Business, 36*, 166-183.

Tjosvold, D., Hui, C., & Sun, H. F. (2004). Can Chinese discuss conflict openly? Field and experimental studies of face dynamics in China. *Group Decision and Negotiation, 13*, 351-373.

Tjosvold, D., Leung, K., & Johnson, D. W. (2006). Co-operative and competitive conflict in China. In M. Deutsch, P. T. Coleman & E. C. Marcus (Eds.), *The handbook of conflict resolution: The theory and practice* (2nd ed.) (pp. 671-692). Hoboken, NJ: John Wiley & Sons.

Tjosvold, D., Poon, M., & Yu, Z. Y. (2005). Team effectiveness in China: Co-operative conflict for relationship building. *Human Relations, 58*, 341-367.

Tullock, G. (1996). Corruption theory and practice. *Contemporary Economic Policy, 14* (3), 6-14.

Vygotsky, L. S. (1978). *Mind in society: The development of higher psychological processes* (Knox & Carol, Trans.). Cambridge, MA: Harvard University Press.

Wank, D. L. (1999). *Commodifying communism: Business, trust, and politics in a Chinese city*. NY: Cambridge University Press.

Wank, D. L. (2002). Business-state clientelism in China: Decline or evolution? In T.

Gold, D. Guthrie & D. Wank (Eds.), *Social connections in China: Institutions, culture and the changing nature of guanxi* (pp. 97-115). MA: Cambridge University Press.

Weber, M. (1978). *Economy and society* (G. Roth & C. Wittich, Trans.). Berkeley, CA: University of California Press.

Wittgenstein, L. (1945). *Philosophical investigations* (G. E. M. Anscombe, Trans.). Oxford, UK: Blackwell.

Wong, C. L., Tjosvold, D., Lee, F. (1992). Managing conflict in a diverse work force: A Chinese perspective in north America. *Small Group Research, 23*, 302-321.

Wong, C. S., Tinsley, C., Law, K. S., & Mobley, W. H. (2003). Development and validation of a multidimensional measure of *Guanxi*. *Journal of Psychology in Chinese Societies, 4*, 43-69.

Wu, C. F. (2004). Research on a typology of business ethics operation across the Taiwan strait. *Journal of Business Ethics, 52*(3), 229-242.

Xin, K. R., & Pearce, J. L. (1996). Guanxi: Connections as substitutes for formal institutional support. *Academy of Management Journal, 39*, 1641-1658.

Yi, L. M., & Ellis, P. (2000). Insider-outsider perspectives of guanxi. *Business horizons, 43*, 25.

Zhang, J. (2008). *Marketization and democracy in China*. New York, NY: Routledge.

5. 王道與霸術：儒家文化中的企業管理

「陰／陽均衡」是了解中國文化的一個核心概念，它源自《易經》，滲入中國人生活的每一個層面，對現代企業經營的管理策略也有極為重要的影響。在本文中，我將簡略說明「陰／陽均衡」的文化意涵，然後以臺灣「經營之神」王永慶的故事為例，說明他如何運用「陽儒陰法」的管理策略，接著討論王永慶過世後，其接班人因為缺乏王永慶本人特有的人文精神，導致臺塑企業面臨的問題。

▣ 根源性隱喻

在〈華人組織中的陰／陽均衡與德性領導〉一文中，我曾經提出一個概念架構，從五個不同的面向，比較儒家和法家的治理主張。該篇論文指出：《易傳》提出了「一陰一陽之謂道」的基本命題，並用陰陽對立的衍生變化，來說明宇宙間萬事萬物運作的根本道理。

> 「一陰一陽之謂道，繼之者善也，成之者性也。仁者見之謂之仁，知者見之謂之知，百姓日用而不知，故君子之道鮮矣。」（《繫辭上傳》第十一章）

「道」是宇宙萬物之生化原理，屬於形而上的超越層次，唐君毅（1961）在《哲學概論》一書中認為：「道」之呈現其大用，為陽之生，陰之化；繼續此生生化化，化化生生，以至於無窮無盡者，即是「善」，其流注於個體生命而終有所成，則謂之「性」。「道」是不可知、不可見的；它雖然隨時踐履於百姓的日常生活之中，人們在觀念上卻不會清楚覺察到「道」的運作。人們經常覺察到的是「陰／陽」，以及由此衍生而出的「日／月」、「天／地」、「柔／剛」、「仁／義」等對比的概念。

由於這些對比的概念均是由「陰／陽」衍生而來，所以「陰／陽」可以說是它們的「根源性隱喻」（root metaphor），跟一般的「隱喻」有所不同。在中國人的原始觀念裡，陽中有陰，陰中有陽；陽盛可轉化為陰，陰極也可再滋生出陽，這種觀念跟西方近代科學在二元對立的思潮之下，事事都要求有清楚的定義截然不同。對中國人而言，「陰／陽」並沒有清楚的定義，可是，在中國人的生活世界裡，我們都很清楚：什麼是陰，什麼是陽，而且也很了解「陰／陽均衡」的重要性。比方說，在中國歷史上，對於政府組織的運作與管理，早就有「陽儒陰法」的說法。在本文中，我將以王永慶的故事為例，說明「陽儒陰法」在現代中國企業中的意義，以及「陰／陽均衡」對於企業管理的重要性。

壹、王永慶基本人格的形塑

王永慶（1917-2008）出生於現今的新北市新店區「情人谷」附近的一個小村莊裡。村裡有數百戶人家，絕大多數是文盲。他的祖父王添泉以教私塾為業，但卻一生窮困，因此，不教兒子王長庚讀書識字。

◘ 母親的楷模

王家居住的村莊地處偏僻，四周都是山地，可耕作面積極為狹小，而且山地又屬赤土石質，只能生長矮樹和雜草。在惡劣的環境下，村民只能利用部分山坡地，種植茶葉維生。王永慶的父親王長庚即從事茶葉買賣的生意。由於茶葉的產期僅在春夏兩季，王長庚的茶葉生意只有半年可做。當時茶山以外的山地，普遍種植相思樹，老樹砍伐以後燒成木炭，到了秋冬兩季，王長庚就改為販賣木炭，隔年的春天再恢復茶葉生意。由於生意利潤微薄，雖然他終年辛勞，也僅能換得勉強溫飽。

王永慶刻苦耐勞、勤勞節儉，以及堅忍不拔的毅力，完全秉承自他的母親詹樣。詹樣生育王永慶兄弟姊妹共八人，由於家境困苦，生產時沒有能力請助產士來接生，全部自行處理，而且產後就立即下床，到廚房準備三餐，並到屋旁的河邊洗衣服，從來沒有做月子調養身體。由於丈夫王長庚身子單薄，她勤儉努力、刻苦持家，在極端困苦的環境中，家中粗重的工作完全由她一肩挑起。每天除了準備三餐與洗衣服之外，還要種菜、製作茶袋與篩選茶葉，到了晚上全家就寢之後，她還要切蕃薯葉混合餿水煮成豬菜餵豬。

礙於經濟狀況欠佳，王家每天三餐的菜色不多，份量有限。因此，詹樣一定招呼全家大小同時上桌，以免陸陸續續用餐，份量不夠。可是她自己卻還持續手頭上的工作，等全家都吃飽了，她才上桌吃剩飯殘羹。

王永慶八歲那一年，母親生下大妹銀燕時，才知道母親生產全靠自己，沒有請助產士幫忙。後來他追憶母親的事跡說：

> 「這種澈澈底底刻苦耐勞的精神，以及凡事都不期望依靠外力協助，全憑自己設法克服解決的意志及智慧，使身為兒子的我內心深受感動，並且受到無形的巨大影響。」（王永慶，2001，頁 169）

◘「天性」與「道」

王永慶七歲時，父母就送他到離家約十公里的新店國小上學。他每天清早上學前必須到附近的水井挑十幾桶水，把家中的大水缸填滿，然後才步行十公里上學。他的書包只是一條粗布巾，而且配著竹葉編成的斗笠，每天都是赤腳走路，從未穿過鞋子。

放學後，王永慶經常要扛一袋五十臺斤的飼料，走十公里的路回家餵豬。回家後，放下飼料，又得挑水把廚房的大水缸再度填滿。

王永慶念小學時，因為不知道念書的意義何在，所以對書本沒興趣，也從來沒有認真過，在校成績總是落在最後十名左右。1982 年，王永慶對臺塑公司的員工說：「每個人都有不同的天性，有的人喜歡念書，有的人對這方面就不感興趣。我讀國民學校的時候，對念書就缺乏興趣，現在回想起來，除了個人的因素之外，缺乏環境的引導也很有關係。」

《中庸》第一章說：「天命之謂性，率性之謂道，修道之謂教。」王永慶認為他天性對讀書不感興趣，他所要走的「道」不是「讀書」，幫助他走出人生之道的主要力量不是學校教育，而是他母親的「身教」。

▣ 詹樣的「人生之道」

詹樣一生中最喜愛的工作就是種菜。年輕時種菜是為了幫助家計，王永慶發跡之後，她仍然樂此不疲。為了使母親繼續保有種菜的樂趣，王永慶特地在臺塑大樓的頂樓開闢一個菜圃，約三十坪，讓母親種植韭菜、小白菜、空心菜、九層塔等。每當收成時，這些蔬菜就成為王家飯桌上的菜餚。直到詹樣年事已高、行動不便，才請人代勞。可是數十年來的勞動習慣，成為她維持健康的最好方法。1995 年 5 月，詹樣去世，享年一〇八歲，比她的丈夫王長庚多活了三十四年。

《中庸》第一章說：「道也者，不可須臾離也，可離，非道也。」這是王永慶的母親所走的人生之道。詹樣不識字，一生沒有受過正式的學校教育，她像中國農村一般的婦女那樣，是以自己的行動在實踐儒家的生命智慧。詹樣過世後，王永慶說：「母親和我們兄弟姊妹共同走過數十年的人生歲月，也毫無所愧地將中國人傳統的勤儉美德，完整傳承給我們下一代。」

▣ 勤儉樸實

王永慶用「勤儉樸實」四個字，來概括他從母親身教中傳承到的「中國人傳統的勤儉美德」，這四個字也成為他一生奉行的圭臬。他對讀書沒有興趣，他想走的「道」顯然跟母親有所不同。然則，他是如何用這四個字來走出自己的人生之道呢？縱觀王永慶的一生，其實他是用儒家社會中一般庶人對其文化傳統的理解，在實踐儒家的修養論，而這一整套的修養論，可以用《中庸》第二十二章來予以概括：

「唯天下至誠，為能盡其性；能盡其性，則能盡人之性；能盡人之性，則能盡物之性；能盡物之性，則可以贊天地之化育；可以贊天地之化育，則可以與天地參矣。」

「勤」是「盡己之性」，「儉」是「盡物之性」，「樸實」則是「素樸實在」，是「誠」的體現。在下列各節中，我將從「盡己之性」、「盡物之性」、「盡人之性」等三個層面，來說明王永慶如何實踐儒家的行動智慧。

1932 年，王永慶十六歲。他以父親四處張羅來的兩百元做本錢，在嘉義開了一家叫做「文益」的米店。那個時代臺灣的農村在稻穀收割之後，都會先鋪在馬路上利用陽光曬乾，然後再將稻穀送到碾米廠碾成米。碾成的米堆裡通常都會混有米糠、砂粒以及大小石子等雜物。

▣ 推己及人

王永慶看到米的品質太差，於是他把從碾米廠買進的每包米打開，先將米糠、砂粒、小石子等雜物通通撿拾乾淨，再準備賣給顧客。在那個時代，一般家庭買米通常都要走到街上的米店去買，而米店則是要等顧客上門才有生意做，完全是被動的。

王永慶在深入了解米的買賣過程之後，很快就想出一套「化被動為主動」的服務方式。當顧客上門來買米時，他就主動要求幫顧客把米送到家裡，等到把米送到顧客的家裡，自然要把米倒入米缸中。這時王永慶就掏出一本小記事簿，記下這戶人家米缸容量，並跟顧客講好，等到米快要吃完的時候，他會主動把顧客需要的米送上門來。

主動送米給顧客，就不能要求一手送貨、一手收錢，對於一時付不出米款的顧客，什麼時間去收錢最方便呢？對大多數受薪階級而言，當然是發薪日，所以王永慶把全部顧客分門別類，用筆記簿一一記下他們的發薪日。等顧客領到薪水、口袋有錢時，他再去收款。

王永慶用心、勤奮的作法大受顧客的歡迎。大家都說他賣的米，品質最好、服務周到、信用第一，於是一傳十、十傳百，生意愈做愈好。剛開業時，一包十二斗（約七公斤）的米一天都賣不掉；一、兩年之後，一天可以賣出十幾包米，營業額成長了十幾倍，僅僅開業兩年，憑藉「勤儉樸實」就得以創業成功。

▣ 忠恕之道

「勤儉樸實」是儒家文化中一般庶人在其生活世界中所展現出來的行動智慧。從儒家的修養理論來看，它其實反映出儒家倫理的核心價值。

《論語》中記載孔子跟弟子的對話，絕大多數都是由弟子提問，孔子作答。只有少數幾次，是由孔子主動向弟子提問：

> 子曰：「賜也，汝以予為多學而識之者與？」
> 對曰：「然。非與？」
> 曰：「非也，予一以貫之。」《論語・衛靈公》
> 子曰：「參乎，吾道一以貫之。」
> 曾子曰：「唯。」
> 子出，門人問曰：「何謂也？」
> 曾子曰：「夫子之道，忠恕而已矣。」《論語・里仁》

朱熹對於這段話的註釋是：「盡己之謂忠，推己之謂恕。」王永慶開米店的故事，可以用來說明他如何實踐「盡己」的修養，正因為他凡事「盡己」，所以才能夠「推己」，站在顧客的角度，處處為對方設想，終於獲得顧客的信任，而一步步走上成功之路。

從此之後，「勤儉樸實」成為他最重要的座右銘，日後他經營磚窯廠與木材廠，一直到塑膠廠、紡織廠、煉油廠，他都是以此自勉，同時也以此要求員工。接著，我們還可以再以王永慶進入塑膠業的故事為例，說明他「盡己」的工夫，以及凡事「盡己」的人生態度。

貳、王道：臺塑的企業精神

1953 年，行政院設立「經濟安全委員會」，由尹仲容擔任召集人，擬定玻璃、紡織、人纖、塑膠原料、水泥等建設計畫，統籌運用美援的工業發展資金。

◘ 認知的轉換

當時，當局原屬意永豐工業的老闆何義負責發展。何義前往日本、美國、歐洲等地考察後，發現塑膠原料廠的規模日產都在五十噸以上，而計畫中的臺灣廠日產僅僅五噸，距離經濟規模太遠，所以，返國後宣布放棄。

當時政府認為，好不容易才爭取到的美援，如果放棄不做實在太可惜。於是，找到原來想申請做輪胎的王永慶。當時的王永慶對塑膠完全外行，手頭上僅有的資料是日本當時月產三千噸，而當時臺灣人口大約是日本的十分之一；三千噸的十分之一是三百噸，所以，他認為月產一百噸應該很保險。王永慶後來回憶說：「我糊裡糊塗不加思索就答應了」（郭泰，1985，頁 48-49）。

當年在工業會服務的衛道回憶，王永慶與塑膠創業夥伴趙廷箴一起到工業會，拜會化工組嚴演存主任，要求投資塑膠工業時，兩個人都不懂塑膠，遭到嚴演存的冷眼對待，兩個人只好靦腆離去。一年之後，王永慶會見衛道時，他對塑膠的性質、製程、生產、加工、用途等都瞭若指掌，讓衛道嘆服不已。

用〈自我的曼陀羅模型〉來看（黃光國，2011），王永慶在對塑膠業幾乎一無所知的情況下，遭到嚴演存的冷眼對待，他回家後反思自己的人生處境，用儒家「格物」的精神，下苦功學習塑膠工業的相關知識，由「什麼都不懂」，到「瞭若指掌」，他對塑膠工業的認識也經歷了澈底的認知轉換（cognitive transformation）。

◘ 擇善而固執之

《中庸》第二十章說：

「誠者，天之道也；誠之者，人之道也。誠者，不勉而中，不思而得，從容中道，聖人也；誠之者，擇善而固執之者也。博學之、審問之、慎思之、明辨之、篤行之。有弗學，學之弗能，弗措也；有弗問，問之弗知，弗措也；有弗思，思之弗得，弗措也；有弗辨，辨之弗明，弗措也；有弗行，行之弗篤，弗措也。人一能之，己百之；人十能之，己千之。果能此道矣，雖愚必明，雖柔必強。」

王永慶並不是那種「不勉而中，不思而得，從容中道」的「聖人」，他是「擇善而固執之」的儒家倫理實踐者。他的教育程度並不高，然而，當他確定自己的人生之道後，對於走出自己人生之道所必要的知識，他一定用「博學、審問、慎思、明辨、篤行」的方法，發揮「人一能之，己百之；人十能之，己千之」的苦幹精神要求自己。王永慶僅有小學畢業，為了要用原文了解各種原料的報價和波動，從六十歲起，開始學英文，一直到能夠用英文對話的程度。開會時，當下屬主管拿出英文報表，他一樣可以挑出其中毛病。

2004 年 3 月 26 日，位於美國伊利諾州的臺塑聚氯乙烯（PVC）工廠發生爆炸，造成工人死亡，引起了國際媒體的關注。消息傳到臺灣，當天早上九點多鐘，臺塑召開記者會，由王永慶親自出面。令人意外的是：他不僅滿口的塑膠專業英文名詞，而且用中、英文把大爆炸發生的原因，各自述說一次。

他在經營臺塑企業的時候，也用同樣的精神要求員工，這就是《中庸》

所謂的「唯天下至誠，為能盡其性；能盡其性，則能盡人之性」。我們可以舉王永慶經營臺塑的許多作法為例，來說明儒家倫理在現代企業中的展現。

▣ 盡己與節儉

1954 年 3 月，王永慶創立「福懋公司」，1957 年更名為「臺灣塑膠工業股份有限公司」，自有資金約五十萬美元，美援有六十七萬美元。由於出身貧寒，王永慶從小就養成「節儉」的生活習慣，他生活簡樸，律己甚嚴；在經營企業時，則是要求員工不得有絲毫浪費。他有一句名言：「多爭取一塊錢生意，也許要受外在環境的限制；但節省一塊錢，可以靠自己的努力。節省一塊錢，不就等於淨賺一塊錢」（郭泰，2010，頁 50-51）。

舉例來說，假設某件產品的成本九元，售價是十元，那麼利潤就是一元（百分之十）。如果能夠把成本降低一元，而售價不變，利潤就是二元（即百分之二十）。成本雖然只降低了百分之十，利潤卻增加了一倍。

▣ 追根究柢

因此，王永慶經營臺塑時，要求臺塑系統中的各生產事業單位，都要有明確的成本概念。他一向主張，一棵樹要長得枝葉茂盛，必須從看不見與容易被人忽略的根部去下功夫；經營管理要做得好，也必須從平常看不見與容易被忽略的根源處去追求，如此才能夠理出頭緒，促使各項管理合理化。各單位的主管在做一件事之前，一定要用所謂的「魚骨圖分析術」，依事情的先後順序，將做事情的每一個步驟，一步步標示出來。做某一個步驟，要用什麼樣的原料，多少錢，向哪一家購買，一項項的標示清楚，最後就很像一幅魚的骨頭。這就是《大學》所說的：

> 「物有本末，事有終始，知所先後，則近道矣。」《大學・經一章》

計畫做完之後，再向王永慶做會報。做會報的時候，王永慶喜歡把會報室的冷氣溫度開得很低，以保持大家腦筋的清醒。下屬一面向他做報告，他一面不斷從其中挑問題來詢問下屬。他在監督與評核事情時，會針對主管提出每一個問題的細微末節都要追根究柢，絲毫不輕易放過每一小枝節。如果他發覺下屬對這些問題根本沒有分析過，馬上會嚴厲要求下屬補正。他經常告訴下屬：「經營企業，務必要在成本分析上，追根究柢。分析、追根究柢到最後一點，我們臺塑就靠這一點而成長」（郭泰，1985，頁 75）。

◘ 盡物之性

臺塑企業內的員工都流傳著一句話：「在王董事長下面做事想要升官發財，必須牢記『重細節、能做事、會聽話』這九字箴言。」用前述《中庸》的概念來說，這是因為王永慶律己甚嚴，經營臺塑時能「盡己之性」，帶領員工時能「盡人之性」，臺塑的經營也因此而不容許有一絲一毫的浪費，而能夠「盡物之性」。舉例言之，王永慶平日的飲食非常簡單，對臺塑關係企業的伙食團，王永慶規定，員工吃自助餐時，菜與飯都是自取，而且分量不限，可是舀到餐盤裡的菜飯絕不可剩下或倒掉，否則就要受罰。

他平常大多在臺塑大樓後棟頂樓的招待所宴請客人。招待所內自備廚師、女侍。曾經當過王永慶座上客的人都指出，招待所的菜色相當精緻可口，而且分量恰到好處，不多也不少。絕不可能因為分量過多，以致於只吃一小部分，而倒掉一大部分。

◘ 反求諸己

臺塑經營從小至員工日常的飲食，到整座廠房的興建，莫不儘量要求合理化。一般認為，石化工業的中間原料廠所需之機器與設備非常精密，但其實不然。從臺塑創業之初，王永慶就非常重視培養興建廠房、製造機器設備等方面的工程機械人才。他們經過仔細的分析後，發現：設廠所需要的機器與設備，半數以上都是管路、氣槽、乾燥機等不需要很精密的設備，可以自己製造。

所以，1980 年王永慶在美國德州休士頓籌建全世界規模最大的 PVC 塑膠工廠時，從策劃、設計、安裝、施工、試車等完全由臺塑一手包辦，所有硬體設備全部「反求諸己」，由臺塑的工程機械人才在臺灣製造完成後，再運到美國安裝。結果，它的建廠成本大約只有美國人所需的百分之六十二點五，或日本人所需的百分之七十五。

臺塑興建位於雲林麥寮的六輕煉油石化工業的過程也類似於此。該工業區面積達二千六百公頃，其中八成土地係以填海造地的方式獲得，區內包括煉油廠、輕油裂解廠及相關石化工廠六十二座。從 1994 年開始動工，先蓋臺塑重工，再由臺塑重工陸續製造煉油與石化廠所需設備，總共投資六千五百二十八億，歷時十年才告完成。結果與採購國外設備相較之下，成本降低了百分之四十。

王永慶認為，經濟景氣的好壞有一定的週期，通常興建一座現代化的化工廠約需一年半到兩年的時間，因此他刻意選擇經濟蕭條時建廠，成本較低，人工與材料都便宜，等到建廠完成時，市場景氣又處在逐漸復甦中，正好趕上時機。這也是他建廠合理化的思維之一。

參、霸術：因道全法

許多翻譯自西方的企業管理教科書都認為，企業負責人要懂得授權與分層負責，只要做政策性的決定，其他事務性的工作交給部屬去辦理即可。王永慶的作法與教科書的企管理論出入很大，他大小事情都管，不論是政策性或事務性的工作都親自參與。有人批評他像一位出色的廠長，而不像是一位卓越的董事長。

王永慶的回應是，書本上說的是歐美國家的企業。他們的企業歷史悠久，各種管理都已經合理化、制度化，企業負責人當然可以只做政策性的決定，而把事務性的工作交給部屬辦理。可是，開發中國家的管理尚未上軌道，負責人若不參與事務性的管理，那公司如何追求合理化與制度化呢？

▣ 循法而治，望表而動

臺塑從1973年開始，一面建立制度、一面全面推行。為了有效推動管理制度，一方面成立午餐會報，藉王永慶直接鞭策的力量，貫徹實施；另一方面成立「總管理處總經理室」，藉由這批幕僚人員持續的追蹤與無情的逼迫。歷經六年的時間，直到1979年，才顯現出管理制度的成效。仔細考察臺塑建立制度的過程，我們可以說他是用中國法家的「術」在實踐儒家的「道」。

臺塑制定管理制度的基本原則，是設計一套可行的管理制度，使員工能依照所設定的操作規範與事務流程去做事；工作量可以計算，工作品質可以衡量，主管也能夠主動地做考核與追蹤，以追求人與事的公平與合理。用韓非子的觀念來說，這就是：

> 「明主立可為之賞，設可避之罰，……明主之表易見，故約立；其教易知，故言用；其法易為，故令行。三者立而上無私心，則下得循法而治，望表而動，隨繩而斲，因簪而縫。如此，則上無私威之毒，而下無愚拙之誅。」〈用人篇〉

▣ 萬物之始，是非之紀

然而，「明主」如何能夠做到這樣的境界呢？韓非子的主張是「因道全法」。他在一篇十分重要的著作〈主道篇〉中寫道：

> 「道者，萬物之始，是非之紀也。是以明君守始，以知萬物之源；治紀以知善敗之端。故虛靜以待令，令名自命也，令事自定也。虛則知實之情，靜則知動者正。有言者自為名，有事者自為形，形名

參同，君乃無事焉，歸之其情。」

我們可以用王永慶建立臺塑制度的五點特色，來說明法家「因道全法」的主張：

第一，不得抄襲。規章制度照抄別人是沒有用的，因為每一個企業的環境不同、思想觀念不同、條件不同、基礎不同、要走的「道」也不同，強加套用別人的制度，就好像是不管自己的腳有多大，硬要拿別人的鞋子來穿一樣，不但不舒服，恐怕也沒辦法走路。所以必須要「因道全法」，依自己所要走的「道」，探索「萬物之始，是非之紀」，來制定規章制度。這就是王永慶所說的：「別人花了數十年的心血才建立起來的規章制度，你拿來以後就能運用，天下大概也沒有那麼便宜的事」（郭泰，2010，頁 136）。

◘ 守始以知萬物之源

第二，自行摸索。臺塑的管理制度從 1973 年開始建立，剛開始完全沒有經驗，既無管理專才的協助，也沒有現成的中國式管理制度可以參考，只好自己苦心摸索。這就是韓非子所說的「明君守始以知萬物之源，治紀以知善敗之端」，也就是王永慶常說的「追根究柢」。用他自己的話來說：「剛開始建立制度必須從基礎開始摸索，初期效率一定比較差，速度比較慢；可是如果用心勤勞，不斷求改善、求進步，終必能夠融會貫通」（郭泰，2010，頁 137-138）。

第三，經營者參與。企業的經營者必須參與事務工作，必須對管理所牽涉的繁雜事務逐一深入檢討，點點滴滴累積經驗，管理制度才能一步一步建立起來。當年曾協助推動管理制度的前臺塑總管理處總經理室副主任伍朝煌說：

「管理制度推行成敗的關鍵，全繫於企業老闆的投入程度。如果老闆全心投入，那就表示老闆貫徹管理制度的決心，這麼一來，少有

不成功的。當年臺塑在推動管理制度時，王董事長全心的投入，就是最好的成功實例。」（郭泰，2010，頁 153-154）

▣ 虛靜之心

經營者參與時，必須要有韓非子所強調的「虛靜之心」：「故虛靜以待令，令名自命也，令事自定也。」要做到這一點，當然必須要有：

第四，執行單位的參與。各種管理制度在制定完成之後，必須落實到各事業單位去執行，才能產生效果。倘若事先只有幕僚的總管理處單獨制定制度，管理者在建立過程中沒有參與，事後再強壓底下的事業單位去實施，必定窒礙難行，因此，執行單位的參與討論對制度的制定不僅必要而且非常重要。這樣經營者才能真正做到：「虛則知實之情，靜則知動者正。有言者自為名，有事者自為形，形名參同，君乃無事焉，歸之其情。」

第五，這樣建立起來的制度，是有錢買不到的。對企業而言，機器設備與技術、know how 都買得到，唯獨管理制度是有錢買不到的。王永慶說：「如果管理制度也能買得到的話，企業經營就太簡單了。實際上，這是不可能的事」（郭泰，2010，頁 137）。這也正是韓非子所說的：

「故大人寄形於天地而萬物備，曆心於山海而國家富。上無忿怒之毒，下無伏怨之患，上下交順，以道為舍。故長利積，大功立，名成於前，德垂於後，治之至也。」〈大體篇〉

▣ 君子樂而大奸止

臺塑制定管理制度，小到菜單、品管作業規範，大到施工規範、工作改善提案制度，都極為用心。談到臺塑管理制度的嚴密程度，追隨王永慶最久而有「臺塑參謀長」之稱的楊兆麟比喻說：「在臺塑想舞弊，恰如從十二樓跳下去檢一塊金磚，結果必定粉身碎骨」（郭泰，2010，頁 152）。這就是韓非子在其〈大體篇〉中所說的：

「因道全法，君子樂而大奸止；澹然閒靜，因天命，持大體。故使人無離法之罪，魚無失水之禍。」
「故至安之世，法如朝露，純樸不散，心無結怨，口無煩言。」

肆、義、利之辨

《孟子》一書的開頭第一篇記載：孟子見梁惠王，梁惠王問他：「叟，不遠千里而來，亦將有以利吾國乎？」孟子的回答是：「王，何必曰利？亦有仁義而已矣！」《孟子・梁惠王上》。從此之後，「義、利之辨」便成為儒家思想的中心議題之一。

◘ 正其誼而謀其利

到了宋代，程顥將之發揮成為：「正其誼而不謀其利，明其道而不計其功」；明末清初，許多儒家學者深感亡國之痛，他們一面批判宋明理學，一面重新詮釋儒家經典，希望能夠復興儒學，並開創出新的局面，例如：顏元便批判程顥的論調猶如「用兵而不計兵之勝，耕田而不計田收」。他質疑：「世有耕種而不謀收穫者乎？世有荷網持鈎而不計魚得者乎？」他因此而提出：「正其誼而謀其利，明其道而計其功」的新主張，「蓋正誼便謀利，明道便計功，是欲速，是助長，全不謀利計功，是空寂，是腐儒」《顏習齋先生言行錄》。

顏元的論點反映出明末清初中國資本主義萌芽階段的思想，後來日本漢學家澀澤榮一（1985/2001）在《論語與算盤》一書中提出「義、利合一」的論點，更進一步闡述東亞儒家的企業精神。這種精神展現在王永慶的經營哲學上，就是一面採取壓迫式的壓力管理，一面採取誘導式的獎勵管理，以澈底執行管理制度與公司決策。

▣ 壓力管理：兩個幕僚系統

臺塑集團是以臺灣塑膠、南亞塑膠、臺灣化纖、臺塑石化等四大公司為核心，包含：石油、塑膠、紡織、機械、電子、鋼鐵、醫院、學校等一百三十多個關係企業，由於集團內各關係企業有許多共同性的事務，若採集中管理，不但用人可大幅減少，效率也會因此提高。

然而，採行中央集權式的壓力管理必須設立一個強而有力的指揮中心，以便控制與監督下面的事業單位。在這樣的理念下，臺塑於 1973 年成立總管理處，在總經理室下設有兩個幕僚系統：一個是專業管理幕僚，另一個是共同事務幕僚。前者負責各項管理制度的制定與推動，以及協助各事業單位經營管理之改善，共有兩百多位幕僚，分為人事管理、產銷管理、保養管理、資材管理、工程管理、財務管理等。只做計畫、建議與制度執行之監督，對直線下屬單位沒有指揮權。

共同事務幕僚負責各種制度與決策的執行，共有幕僚一千六百人，下設有財務部、發包中心、採購部、營建部、資訊部等十六個部門。這一批人負責執行，另一批人在後面催促與監督，對制度的澈底執行產生極大的效果。

王永慶自己每週工作一百個小時以上，沒有星期例假日，除了每天的晨跑與游泳之外，沒有任何嗜好。每天例行的午餐會報是他與幹部的生活模式。臺塑的壓力管理也因此而績效卓著，每個單位主管隨時會感受到一股強大壓力，個個兢兢業業，絲毫不敢懈怠，每週得工作七十個小時以上。

▣ 獎勵管理：獎金制度

臺塑一方面對員工進行壓力管理，一方面則是以獎金實施獎勵管理。臺塑發放的獎金，包括年終獎金、黑包、改善提案獎金，以及績效獎金。

臺塑集團的年終獎金一向採取勞資雙方協商的方式來決定，多年來都在四至五個月之間。從2006年開始，勞資雙方訂出一個公式：依臺塑、南亞、臺化、臺塑石化等四家公司年平均每股稅後盈餘計算，每股盈餘達四點一元時，發放年終獎金四點五個月，每股盈餘每加減一元，年終獎金再加減零點六個月，每股盈餘超過六元，則增幅收斂為零點三個月（郭泰，2010，頁166）。

所謂「黑包」，是王永慶私下發給主管的特別獎勵金，又分為兩種：一種是獎勵主管的「普通黑包」，另一種是給特殊有功主管的「槓上黑包」。普通黑包的金額通常超過該主管一年的薪水，至於槓上黑包的金額更是驚人，常達數百萬元之譜（郭泰，2010，頁167）。

作業流程的問題以工作現場第一線的操作員最為清楚，為了鼓勵操作員主動花腦筋改善他們在工作中發現的問題，臺塑特別制定了一項「改善提案管理辦法」的規定，改善提案若有效益，可依「改善提案審查小組」核算的預期改善月效益百分之一計獎，獎金從新臺幣數百元至數萬元不等。除此之外，改善提案的成果獎金，則以改善後三個月的平均月淨效益百分之五計獎，每件最高不得超過十萬元（郭泰，2010，頁167-168）。

◘ 切身感

通常績效獎金都是由管理當局訂下一定標準，若是生產達到此一標準，就發放獎勵金。然而，如果標準訂得太嚴，員工拼命努力也達不到目標，員工就會抱怨，反倒打擊士氣；如果訂得太鬆，員工輕易就可達成，反倒養成員工怠惰的習性。臺塑的作法是讓各事業單位找出不合理的項目，先行研擬解決方案，再利用績效獎金的辦法，鼓勵員工從事改善措施。舉例言之，根據王永慶的分析：

> 「長庚醫院沒有工務部門，醫療設備計有三千四百餘臺，折舊後總值六億元，每年維護費約兩千萬元，目前由院方自行維護的儀器數量，占百分之九十四。唯一的問題是：缺乏良好的獎勵制度，工作

人員沒有切身感。」

「因此，決定成立醫療儀器維修的成本中心，獨立計算盈虧，承包住院儀器。根據估算，成本中心成立之初，因為技術能力未純熟，增加的效益有限；但是長期而言，由於技術力的累積和提升，獲致的效益可以由工作人員合理分享，進而產生『切身感』。」（郭泰，1985，頁67）

同樣的，維護電梯的七位人員，成立成本中心，每年由公司付給維護費二十餘萬美元，比每人每年可以分到一萬美元的工資還要多。王永慶認為：「這樣他們才會產生『切身感』，才願意更用心做好電梯的維護工作」（郭泰，1985，頁67）

◘ 賣也要吃，買也要吃

〈人情與面子〉的理論模型將人際關係分為四大類：請託者與資源分配者之間的關係是上對下的關係，此外，還有「情感性關係」、「混合性關係」和「工具性關係」（黃光國，2009；Hwang, 1987）。王永慶跟部屬之間，是「上對下的關係」，他跟「顧客」之間的關係應當是屬於「工具性關係」。然而，王永慶卻是以「義、利合一」的方式對待顧客，設法將其轉化為「混合性關係」。

一般人經營企業通常都是要追求利潤的最大化，但王永慶認為：企業追求利潤最大化是短視、不合理、不能長久持續的，因此臺塑不追求利潤最大化，而是追求利潤合理化。王永慶說，臺灣有一句土話：「賣也要吃，買也要吃。」這句話的意思就是說：做生意的雙方，都希望從交易中獲取利益，因此賣方在做生意時，除了考慮自己的利益，也必須同時替對方設想，讓他亦能獲益，這樣的生意才會長久。所以，王永慶主張：做生意絕對不可投機取巧，占客戶的便宜。賣方在賺錢的同時，一定要讓買方有利可圖。如果你賣他貴一點，使他無利可圖，甚至很難生存，他就不會繼續再買你的東西。

▣ 精明而不刻薄

王永慶與下游產業的關係也是遵循同樣的原則。他會精確地計算出下游工廠的確實成本，據以訂出雙方合作的價格，但總是會讓下游工廠有合理的利潤，絕不利用獨占原料的優勢剝削他們。一旦因為原油漲價或臺幣升值而使上游的原料漲價，臺塑不會轉嫁給下游，而是把漲價部分自行吸收。王永慶的作法是「精明而不刻薄」，他認為，下游是臺塑的衣食父母，若是把漲價部分轉嫁給下游，下游無利可圖，無法存活，最後必然是雙方一起遭殃。

伍、公、私之分

在現代社會中，上市公司的股東和經營者之間具有兩種不同的關係：對於儒家文化中的經營者而言，上市公司的股東是他的投資人，也是他所必須認同的「大我」；用〈人情與面子〉的理論模型來看，他們兩者之間的關係，又是屬於「工具性關係」，如果有任何股東對經營者的作為感到不滿，他隨時可將自己持有的股份在市場上拋售掉。

▣ 至誠無息

1981 年，王永慶接受《天下雜誌》的訪問（狄英，1981），記者問他為什麼要拼命工作？他回答說：

> 「這是一個社會責任的問題，我要負責任。如果企業沒有經營得上軌道，萬一我在外面被車子一碰，死掉了，我死是沒有關係，害了投資大眾怎麼辦呢？人家辛辛苦苦把積下來的血本交給你，為了道義與責任，我不能不努力工作。」

根據《財訊月刊》的分析，從 1994 至 2003 年期間，長期投資臺塑三寶（即臺塑、南亞、臺化）的投資人，不但沒有人賠錢，而且每股（面值十元）每年平均配給兩元左右的股利。就臺灣股市的一般狀況而言，不論景氣好壞，十年來，每年發放兩元股利給投資大眾，是一項非常了不起的經營成就。

多年來，臺灣電子業盛行員工分紅配股制度，使公司股本不斷地膨脹，利潤不斷地稀釋，吃虧的是廣大的投資大眾。針對這一點，王永慶始終堅定地拒絕員工分紅配股，使眾多小股東的利益獲得保障。

▣ 公私分明

在儒家家族主義的影響之下，臺灣家族企業的經營者通常會安排自己的子女當接班人。然而，1972 年，王永慶應邀到國民黨中央委員會社會工作會上演講，當時他便說：

「有朋友對我說：『你的兒子已經畢業，可以幫你的忙了。』老實說，兒子是我的，和別人對待兒子一樣，疼愛他，也希望他能夠幫助我。」

「一旦我的兒子進入公司，他首先要由基層工作學起。做事情要真正得到經驗，一定要流汗吃苦，任勞任怨，絕不只是在基層觀察一番，幾個月就能有心得、有成就。我不會因為他是我兒子，處處給他另眼看待。」

「基層工作的經驗沒有學到，升到中層，工作也一樣不能學到。有一天他當了主管，不知道部屬的工作內容，如何能夠了解他們、幫助他們、領導他們？部屬不能由他們的工作品質判定部屬的能力，又怎能做到適才適用、賞罰公平？部屬又怎能真正地服從他、擁戴他？如此一來，不僅毀了他個人，也害了公司、害了其他同仁。做一個經營者，要追求做事的效率。父子天性，愛是一回事，企業經營是另一回事，不能公私不分，混為一談。」（郭泰，1985，頁 162）

▣ 經營者的關懷

用〈人情與面子〉的理論模型來看，父子關係是屬於「情感性關係」，經營者與接班人之間的關係，則是「上對下」的「工具性關係」。王永慶非常了解「公／私」的分際，在這兩者之間做了非常清楚的劃分。

1983 年，王永慶應美國華僑之邀，到美國哥倫比亞大學演講。有人問他，臺塑企業是否已經有適任的接棒人選。他說：

> 「選擇接棒人，實際上是一件很重要而又很困難的事情，但是話說回來，道理卻又很簡單。一般來說，**如果企業管理合理化，事事明朗，就能訓練出可用的人才；在這些人才當中，自然可以選出適任的接棒人**，否則的話，就不只是有無接棒人的問題，甚至連人才都缺乏。」
>
> 「更重要的是，企業的管理制度能不能造成員工的切身感；有了這個良好的制度，人人就會努力奮鬥，培養出真正的力量，這個時候才會有突出的接棒人選。因此，**對我來說，最應該關切的還不是目前有無接棒人選，而是是否能夠造成切身感的良好管理制度。**」（郭泰，1985，頁 165）

陸、盡人事，聽天命

王永慶的說法反映出他個人的終極關懷。韋伯認為：西方資本主義的興起，肇因於基督新教教徒在上帝的召喚之下，勤奮工作（Weber, 1958）；依照本文的分析，1970 年代，東亞四條小龍的經濟奇蹟，則可歸因於儒家「盡心知性以知天」的工作態度，我們可以從王永慶的「天命觀」中，很清楚地看出他的這種態度。

◘ 培養自我實力

他和孔子一樣，相信人會受到像「運氣」之類的超自然力量的支配。1984 年，他以明志工專創辦人的身分，對應屆畢業生說：

> 「關於運氣，我想這是不可否認的；有人運氣差，會遭遇到意料之外的不幸，也有人運氣好，遇到貴人在重要的關頭拉他一把，這些都是運氣的關係。可是，我們無法製造好的運氣或是排除不好的運氣。因此，我認為要緊的還是自己的實力。」（郭泰，1985，頁 110-111）

換言之，他也採取了儒家「義、命分立」的人生觀，在人力無法支配的「命運」和「義所當為」之事間，劃了清楚的界線：

> 「對於一個不斷自我培養實力的人來講，當好運氣來臨時，他就會有足夠的智慧充分加以運用，使這個好運氣對自己的發展產生最大的利益；當不好的運氣降臨到身上，他也能夠妥善因應，使損害降至最低的程度。」（郭泰，1985，頁 111）

◘ 規劃自己的命運

國內的算命界曾有傳言，王永慶的生辰八字屬木，而金剋木，因此王永慶「遇金不利」，所以他過去經營的事業——米店、木材、塑膠等，都是與金無關的產品。

有人以此傳言問王永慶，他的回答是：「我的一生中沒有請人看過相。因為，從前的命運怎樣，自己已經曉得了；以後的命運怎樣，是自己要打算的。」（郭泰，1985，頁 117）

王永慶的這段話，跟「子不語怪力亂神」的態度正相吻合。在工商協進會，有人曾經問王永慶，他的企業經營成功是否因為運氣特別好？王永慶答道：

「是的，我的運氣不錯。一般而言，不論成功也好，失敗也好，我們都把它歸諸於運氣。失敗的人，不要灰心，是運氣不好；成功的人，應該有謙遜之心，因為成功是眾人協助和良好環境所造成的，不要把自己估價得太高。」
「不過，以前的成功和失敗可以說是運氣的關係，以後可就不能這麼說了。失敗的人，說是運氣不好，再等下去，而不努力奮發、做好管理的話，他的運氣就要變壞了。」（郭泰，1985，頁 110）

柒、「大我」：王永慶的終極關懷

1983 年 10 月 26 日，他獲得博士榮譽學位，在美國賓州費城的華頓學院演講時說道：

「貧寒的家庭，以及在惡劣條件下的創業經驗，使我年輕時就深刻體會到，**先天環境的好壞不足以喜也不足以憂，成功的關鍵完全在於一己的努力**。這個信念在以後漫長的歲月中，深深影響並支配我的處事態度。」（郭泰，1985，頁 41）

這種說法反映出王永慶「反求諸己」，走出自己「人生之道」的「盡己」精神。韋伯認為：在基督新教倫理的影響之下，新教徒努力工作的動機是要「建天國於地上，增加上帝的榮耀」（Weber, 1958），然則，王永慶以這樣的「盡己」精神走出自己的「人生之道」，他的終極關懷究竟是什麼？

1966年6月，王永慶對臺塑經營研究委員會說：

「一個人永遠不能回憶自己出生時的情形，一個人也永遠想不到自己何時死亡。所以我們在活著的時候，要時時提醒自己，這樣我們就可以放開胸懷，趁活的時候，多做一點對社會大眾有意義的事。等到我們死了之後，會有活的人想念我們、讚許我們，才算對人生一場有了交代，沒有辜負此生此世。」（郭泰，2005，頁188）

◙ 幼吾幼以及人之幼

所以，王永慶認為，做人應該強者扶助弱者，有能力的幫助沒能力的；對自己的父母固然應該孝順，進一步也要將這種敬老的心情推及至其他沒有依靠的窮苦老人。那一年，王永慶四十九歲，是1954年臺塑創立後，經過幾年艱苦奮鬥後，於1957年正式開工生產後的第九年，考諸王永慶一生的行誼，他確實將儒家這種「老吾老以及人之老，幼吾幼以及人之幼」的精神，發揮到極致。

1960年代，臺灣的經濟條件很差，很多年輕人因為家境貧困而輟學。為了幫助貧困家庭的子弟讀書，也為了培育臺塑未來的子弟兵，王永慶斥資新臺幣一億五千萬元，在現今的新北市泰山區貴子村麓買下四十五公頃土地，創辦私立明志工業專科學校，並於1964年秋季正式招生。為了幫助清寒子弟就學，明志工專藉著與臺塑關係企業的建教合作，充分提供機會，讓學生利用寒、暑假到工廠工讀，使學生在接受教育期間，能夠學以致用，並以工讀所得支付學費與生活費用，培養獨立自主的人格，同時貫徹王永慶所強調的「實務驗證理論，理論支持實務」的理想。

明志工專設有機械、電機、化學、管理、設計、營建等六個科系，於1999年7月改制為明志技術學院，又於2004年改名為明志科技大學，增設至十個學系與十一個研究所，成為高級工業人才的搖籃（郭泰，2010，頁

203-205）。

◘「長庚醫院」紀念亡父

1970 年代中期，臺灣經濟已經起飛，但是醫療資源仍舊十分匱乏，層次較高的醫院，全臺只有臺大醫院和以特定病患為服務對象的榮民總醫院、三軍總醫院等三家。有鑑於此，為了紀念多年前因缺乏良好醫療而亡故的父親王長庚，決定斥資二十億，開辦一個以中低收入者為對象的「長庚紀念醫院」，以服務當時沒有社會或醫療保險的普羅大眾。

1976 年，臺北長庚醫院落成，有三百張病床；1979 年，林口院區啟用，有一千五百張病床的規模，合計一千八百張床，是當時國內最大規模的醫院。長庚醫院成立後，同時也改革掉臺灣醫療界存在已久的若干陋習，包括：取消住院保證金制度，讓病人不會因經濟因素而延誤治療；改革主治醫師薪酬制度、禁止醫生收紅包等。

這些創舉改善了臺灣的醫療環境與服務品質，造福了廣大的人民，使得販夫走卒從急診到重症住院，都能得到現代化的醫療。同時也使臺灣的醫療界走向良性競爭，也帶動臺灣私人醫院經營的企業化和專業化。

繼長庚之後，國泰醫院、新光醫院、基督教醫院，紛紛跟進。公立醫院和私立醫院的比重也由早年的八比二，轉變成為二比八。醫院管理專家張錦文說：「長庚的王永慶比臺塑的王永慶更受臺灣人尊重。」充分說明長庚醫院在臺灣醫療史上的貢獻（郭泰，2010，頁 207-209）。

◘ 環保科技：變「垃圾」為「黃金」

然而，王永慶對臺灣更大的貢獻，在於廚餘回收系統的建立。早年的垃圾處理一直是臺灣各級地方政府最為頭痛的大問題。以往，廚餘由環保單位回收之後只能當成垃圾來處理，拿到焚化爐用油來燒，不但造成空氣污染，也會污染地下水。沒有設置焚化爐的鄉鎮，只好讓垃圾堆積成山，造成嚴重公害。

不僅如此，臺灣農民長期使用化學肥料之後，除了污染河川，也造成土壤酸化。王永慶認為：廚餘回收之後，送到廚餘處理廠，經過高溫殺菌發酵，就能製成高養分的有機肥料。若用它來取代化學肥料，就可以改善土壤酸化的問題。一舉三得，正可以實踐他「垃圾」變「黃金」的理想。可是，要建立廚餘回收體系有許多困難。不僅需要縣市政府的配合，更要改變住戶的生活習慣。

2000 年，臺塑環保科技在雲林縣麥寮鄉六輕工業區興建下游回收實驗場，2001 年完工開始運作。在偏遠地區定點放置回收桶，每天定時回收一次，初期鄉民反應冷淡，半年之後鄉民逐漸體會到回收廚餘的種種好處，回收量增多。到了 2003 年，回收場運作順暢，每天可處理三十公噸的廚餘，產出一點八公噸的堆肥。

麥寮回收廠試驗成功後，臺塑環保科技立即斥資六億元在雲林縣東勢鄉興建大型廚餘回收廠，於 2005 年 6 月完工開始運作。該廠每月從臺北市、雲林縣、嘉義市回收的廚餘達一千八百公噸，經過處理後每月約可製成二百七十公噸的有機肥料。

臺塑環保科技估算，該公司要獲利至少要到 2015 年，但王永慶卻說：「只要做到廚餘回收零掩埋、零焚化，不賺錢都沒關係」（郭泰，2010，頁 214）

捌、結論

從王永慶的故事中，我們可以很清楚地看出：他一生的行事風格，充分反映出儒家「反求諸己」的人文精神。他從母親的身教中學到「勤儉樸實」四個字，並且以之做為經營企業的圭臬。他的待人處事，處處表現出儒家傳統的厚道；臺塑的管理制度，卻將法家管理的精髓發揮得淋漓盡致，為「陽儒陰法」的策略管理，提供了極佳的範例。

◙ 臺塑管理的傳承

2008 年 10 月，王永慶因病去世。海峽兩岸一片哀悼與不捨的聲音，大家都公認他是兩岸最值得尊敬的企業家。根據第 200 期《天下雜誌》的調查顯示，影響臺灣最重要的兩百位人士中，王永慶名列第一，不僅超越眾多的企業領袖，而且同時超越所有的政治與宗教領袖。盱衡王永慶的一生，「經營之神」的尊稱，他確實可以當之而無愧。

王永慶一直認為臺塑的管理制度並不是「私有物」，而是「公共財」，並樂於把他多年經營臺塑的經驗跟社會大眾分享。臺塑總管理處在 1985 年 7 月成立一個經營管理輔導小組，以臺塑下游廠商的負責人與主管為對象，用講習的方式教導業者有關臺塑的管理制度、利用電腦做好各項管理，以及異常管理等。他的女兒，臺塑網科技公司董事長王瑞瑜更在臺大親自演講「臺塑企業管理制度與網路科技」，並大量印製資料，免費送給聽眾。

然而，臺塑傳授王永慶的管理制度偏重於技術層面。由於臺灣的學術界已經「全盤西化」，社會科學研究與實務界斷裂為二，學術界不了解王永慶的生涯故事在精神層面上的意義，也沒有人以之為例，向西方的理論挑戰，這是非常可惜的事。

◙ 王永慶精神的失落

「陽中有陰，陰中有陽」，盛極而衰，否極泰來。王永慶在世時，根據「勤儉樸實」的經營理念，要求屬下事事必須「精打細算」，在六輕建廠時亦不例外。他沒有料到的是：雲林麥寮地處海邊，海風中還有大量鹽分，六輕原油裂解場的管線特別容易鏽蝕，結果自 2008 年王永慶去世後，短短三年之間，六輕竟然發生了六次火災！

令人感到怪異的是：臺塑接班團隊似乎已經失掉王永慶事必躬親的「盡己」精神，既沒有未雨綢繆，降低六輕管線的折舊年限；火災發生後，又不懂得亡羊補牢，等到 2011 年 7 月 30 日，六輕發生第七次火災，臺塑石化董事長王文潮、總經理蘇啟邑引咎請辭，臺塑集團總裁王文淵不但快速批准同意兩人請辭以示負責，並且放低身段，敦請中油組成「專案改善團隊」，協助臺塑進行澈底改善。

這是件令人難以想像之事。看到這樁消息，很多人會問：如果王永慶在世，他會這樣做嗎？今天的臺塑，還有王永慶「反求諸己」的「盡己」精神嗎？果不其然，到了同年 9 月 6 日，臺塑六輕又因為烷化油洩漏引發十四個月來的第八次大火。面臨這樣的困境，臺塑管理當局最該思考的問題，應當是：如何提振「盡己」的人文精神，來恢復整個組織的「陰／陽均衡」吧？

參考文獻

王永慶（2001）：〈追念慈母生平事略〉。載於《王永慶談話集(I)》。臺中：臺灣日報社。

狄英（1981）：〈從自己分內做起〉。《天下雜誌》，第 5 期。臺北：天下雜誌出版社。

唐君毅（1961）：《哲學概論》（上）、（下）。香港：孟氏教育基金會。

郭泰（1985）：《王永慶奮鬥史》。臺北：遠流事業有限公司。

郭泰（2005）：《王永慶給年輕人的 8 堂課》。臺北：遠流事業有限公司。

郭泰（2010）：《王永慶給經理人的 10 堂課》。臺北：遠流事業有限公司。

黃光國（2009）：《儒家關係主義：哲學反思、理論建構與實徵研究》。臺北：心理出版社。

黃光國（2011）：《心理學的科學革命方案》。臺北：心理出版社。

澀澤榮一（1985/2001）：《論語與算盤》（初版於 1928 年問世）。東京：國書刊行會。（洪墩謨譯）。臺北：正中書局。

Hwang, K. K. (1987). Face and favor: The Chinese power game. *American Journal of Sociology, 92*, 944-974.

Weber, M. (1958). *The protestant ethic and the spirit of capitalism*. NY: Scribner's.

6. 中國人的兵法與計策行為

在 2012 年 6 月 21 日中央研究院舉辦的第四屆漢學會議上，我宣讀了一篇論文，題為〈批判實在論與多重哲學典範：建構含攝文化的心理學理論〉（黃光國，2012），文中我以《儒家關係主義：哲學反思、理論建構與實徵研究》一書為例（黃光國，2009；Hwang, 2012），說明我如何以後實證主義的進化認識論（evolutionary epistemology）做為基礎（Popper, 1972/1989），建構普世性的〈人情與面子〉的理論模型，再以之做為參考架構，分析儒家思想的內在結構。

這樣分析所得之「儒家的庶人倫理」，可以看做是一種「含攝儒家文化的理論」。然而，如果要對華人的社會行為有較為全面的了解，單只憑我們對儒家倫理的分析，仍然有所不足。從批判實在論所主張的文化衍生學（morphogenesis）來看（Archer, 1995），在所謂軸樞時期，形塑華人文化型態（morphostasis）的主要因素，除了代表儒家的「魯文化」之外，還有衍生出法家和兵家的「齊文化」。魯文化的肇始者周公旦在輔佐武王東征之後，姜太公（1088-1016 B.C.）被封於齊，他的治國方針是「因其俗，簡其禮」，順從當地夷人的風俗，並採取「尊賢上功」的政策，任用當地的賢士，依據實際的績效做為賞罰的依據，使齊國能夠發展工商，與周公旦在以農業為主的魯國實施「親親上恩」的政策，形成了明顯的對比。

到了春秋戰國時期（770-221 B.C.），魯國因為受制於三桓而國勢衰微，吳國為越所滅，楚國兼併陳、蔡，晉國為韓、趙、魏三家瓜分，齊國的姜姓王朝則為田氏篡奪。在這種混亂的局面下，各國君主為鞏固自己的地位，莫不費心用力招攬賢士，為自己出謀設計。田齊透過殘酷的政爭取得政權，到了田齊桓公（400-357 B.C.）開始在稷下設立學術論壇，招納天下賢士前來講學論政。他的兒子齊威王（378-320 B.C.）給予稷下先生「列大夫」的職銜；齊宣王（350-301 B.C.）不僅建築高門大屋供稷下先生居住，而且讓他們「不治而議論」，不需要負責政事，卻能夠專注於著書立說，自由議論國政。君王優厚的待遇，使「稷下學宮」培養出許多傑出的人才，荀子曾經三度擔任稷下的「祭酒」，培養出韓非子、李斯等法家人物；中國歷史上最重要的幾本兵書《孫子兵法》、《孫臏兵法》、《吳子》、《六韜》與《司馬法》，也都深受齊學影響（陳復，2009）。

本文的內容分為三大部分：首先，我要簡略地回顧關於中國社會中「計策行為」的研究，並在〈人情與面子〉的理論模型中，說明「計策行為」在華人社會行動中的地位。其次，我要整理兵家思想的主要內容，說明兵家的文化型態。最後，我要論述兵家思想與計策行為之間的關聯，並說明此一議題對研究當代華人社會行動的重要意義。

壹、兵法與賽局

用〈人情與面子〉的理論模型來看，個人會使用計策的場合，通常是行動者為了獲取某種資源，但卻因為資源分配規則不明確，或者根本沒有分配原則，或者許多人一起爭奪有限的資源，在僧多粥少的情況下，構成了一種競爭的局面。喬健（1993）曾經引用西方社會科學中的「賽場」（arena）一詞，來說明此種競爭之局（Orum, 1979, p.38）：

> 「在每一個社會裡，都有一種公共賽場，人們得以在其中從事政治活動，互相較力及彼此鬥爭，以決定誰是霸主，誰是附從。我們完全可以用空間的概念來理解『賽場』的意義，但這種空間卻具備兩種重要的性質：首先，它必須有一個中心，也就是一個中央舞臺，讓人們可以在舞臺上從事政治鬥爭，勝利者則能夠行使做為政治活動之媒介的權力。這種空間的第二個性質是：它是以社會而非物理

> 的概念建構出來的。換言之，『賽場』並不是平常我們所想像的物理場所，其中的位置和距離也不能用諸如英寸之類的物理概念來加以描述；它是一種社會空間，其中的位置和距離必須以諸如角色和關係之類的概念來加以描述。」

用艾森斯塔（Eisenstadt, 1982）的現代化理論來看，進入「軸樞時期」之後的帝制中國，其政治中樞最重要的任務之一，便是設定一個決定國家重大事務的議程表，同時提供一個「賽場」，讓對各項事務持有不同觀點的政治菁英在此展開權力鬥爭。在一般情況之下，皇帝擁有最後的決策權，而涉入權力鬥爭的各方人馬，都有可能採用各種計策行動，來贏取他在「賽場」上的優勢。

然而，仔細思考「賽場」的意義，我們不難看出：這個概念已經反映出西方「個人主義」文化的特色：兩個「神鬼戰士」（gladiators）在「賽場」上你死我活的搏鬥，其他人則在旁邊圍觀、喝采，並做評價。在儒家「關係主義」的文化中，較為恰當的比喻不是「賽場」，而是兩人對奕圍棋或象棋時所建構成的「賽局」。參與較量的雙方，並不是兩個單獨的「個人」，而是兩個「陣營」，其中每一個人都是「人在江湖」，他必須小心地「審時度勢」，選擇對自己最有利的時機「出招」。其「出招」的結果，往往不只是決定兩個人之間的勝負，而很可能是「牽一髮而動全身」，造成整個「賽局」的轉變。

在現代社會裡，不論是在政治、經濟或是學術的領域裡，都會採取「組織多元主義」，允許人們自由組成各種組織，並在政治、經濟或學術的「賽局」中展開競爭。這種組織並非完全以天生的血緣關係為基礎所組成的，用〈人情與面子〉的理論模型來看，其中大部分的人際關係是屬於「混合性關係」或「工具性關係」。在這種組織裡，或者組織與組織之間，他們可能營構出各種不同性質的「賽局」，並制定有關事務的「議程表」，讓組織中的成員採取各種計策行動，展開權力鬥爭。

貳、中國社會中的「詭道」

在中國的文化傳統裡，兵家的主要內容便是教人在敵對的戰鬥行動中，如何使用「有意識的欺騙」，或識破對方「有意識的欺騙」，以擊敗敵手，成功地達成自己所希望獲取的目標。中國兵學始祖孫武在其所著的《孫子兵法》中講過一段出名的話，可以反映出兵家的基本精神：

> 「兵者，詭道也。故能而示之不能，用而示之不用，近而示之遠，遠而示之近，利而誘之，亂而取之，實而備之，強而避之，怒而撓之，卑而驕之，佚而勞之，親而離之。攻其無備，出其不意。此兵家之勝，不可先傳也。」《孫子兵法‧始計篇》

◘ 兵家的歷史遭遇

所謂「詭道」，用哈貝馬斯（Habermas, 1987）的概念來說，就是「有意識的欺騙」。也正因為兵家的內容在本質上是一種「詭道」，因此它在中國歷史上經常受到統治者忽冷忽熱，「冷熱不一」的極端待遇。在天下四分五裂、群雄並起，或國家遭遇外患、強敵環伺的時候，統治者為了加強武備，往往特別重視兵家；及至四海統一、天下太平之後，兵家又往往被打入冷宮，兵書甚至遭到禁絕的命運。舉例言之，中國歷史上春秋戰國時期是軍事思想最發達的時期，在班固所著的《漢書‧藝文志》裡，〈兵書略〉便收錄了五十三家的兵書，其中大多數是春秋戰國時期的作品。秦始皇在公元前 221 年統一中國之後，為了鞏固政權，下令「車同軌、書同文」，統一全國的法律、度量衡。到了公元前213年，他又接受丞相李斯的建議，下令焚書坑儒，並收繳天下兵器，運到都城咸陽，鑄成十二金人。當時可能動搖其統治基礎的兵書當然也在焚燒之列。

宋朝開國皇帝趙匡胤在陳橋兵變、黃袍加身之後，深怕有人步其後塵，奪取趙家天下，因此用「杯酒釋兵權」的辦法，將天下兵權收攬在皇帝手裡，並將兵書列為禁書。皇帝獨攬兵權的結果是「將不知兵，兵不知將」，武備鬆弛，外患頻仍。到了宋仁宗時期，由於外患日亟，朝廷深感軍事人才缺乏，才又積極重整武備。宋神宗則正式開辦「武學」，招收學員，學習朱家兵法；並下令國子監，校定《孫子》、《吳子》、《六韜》、《三略》、《司馬法》、《尉繚子》、《李衛公問對》等書，頒為武經七書，「立之學官，亦以之取士」，一面做為「武學」的教材，同時又做為武舉取士的考試內容。

明成祖朱棣的一則故事，最足以反映出中國統治者對於兵家的矛盾心態。朱棣原本是明太祖朱元璋的第四個兒子，被封為燕王，鎮守北平。公元 1398 年，朱元璋將地位傳給皇太孫朱允文，朱棣大為不悅，發動「靖難事變」，經過四年戰爭，終於攻下南京，迫使建文帝出走，自己則取而代之，登上皇帝寶座。當時有人從山東進京，獻上兵陣圖，朱棣卻將他痛斥一頓：

> 「此輩狂妄！必謂朕有好武之意，故上此圖，以冀進用。好武豈聖德事？」「自古帝王用兵，皆出於不得已。夫驅人以冒白刃，鮮有不殘傷毀折，其得不死亦幸也。朕每親當矢石，見死於鋒鏑之下者，未嘗不痛心！今天下無事，惟當休養斯民，修禮樂，興教化，豈當復言用兵！」（余繼登，《典故紀聞》）

明成祖之所以講出這番「義正詞嚴」的話，一方面可能是出自於他個人「做賊心虛」的心理因素，一方面則是儒家的文化傳統讓他可以借題發揮，表明自己的「仁心」。也正是因為這樣的儒家傳統，致使中國社會普遍存有一種「重文輕武」的風氣，例如：唐代詩人杜牧在其所著的《孫子兵法註》中，便慨然嘆稱：「因使縉紳之士不敢言兵，或恥言之；苟有言者，世以為粗暴異人，人不比數。」而中國歷史上出現過的上千種兵書，也因為不受重視，大多佚失流散，不復可考。

◘「詭道」的適用範圍

然而，兵書不受重視，並不表示在號稱「禮義之邦」或「道德國家」的華人社會裡，人們都不使用「詭道」或「陰謀」。相反的，從兵家思想衍生出的「計策行為」，早就變成一般華人耳熟能詳的「成語故事」，並在日常生活的言語行動中廣泛使用。尤其是在工商業社會裡，這種現象更是普遍。用〈人情與面子〉的理論模型來看，當華人社會由農業轉向工商業社會之後，個人有愈來愈多的機會，和屬於「工具性關係」的其他人交往。在不帶任何「情感性成分」的「工具性關係」裡，個人最可能使用兵家的「詭道」來「克敵制勝」，以達成個人所欲的目標。

借用康德（I. Kant）的話來說，這是一種「以對方為工具，而不以對方為目的」的人際關係；依照兵家的理論，在這種關係裡，個人應當摒除掉所有的情感成分，而以純粹理性的精打細算來追求克敵制勝之道：

> 「主不可以怒而興師，將不可以慍而致戰，合於利而動，不合於利而止。」《孫子兵法・火攻篇》
>
> 「夫未戰而廟算勝者，得算多也。未戰而廟算不勝者，得算少也。多算勝，少算不勝，而況於無算乎！吾以此觀之，勝負見矣。」《孫子兵法・始計篇》

儘管儒家非常重視「誠」的價值，認為「不誠無物」《中庸・第二十五章》，「誠者，天之道」，「誠之者，人之道」《中篇・第二十章》，但個人一旦將對方界定為敵人，並將對方「物化」，雙方的關係就脫離了道德的約束，他理所當然的可以將對方「不誠」，甚至用各種「詭道」來欺騙對方，例如：在商場競爭的場合，捲入競爭的對手之間，可能彼此素未謀面，也毫無感情可言，他們在不違反法律的前提之下，採用任何「詭道」來擊敗對方，都不會被人們認為是「不道德」的。

◘ 中華文化的「深層結構」

在工商業社會的組織與組織之間，或群體與群體之間，固然可能採取各種「計策行動」來互相競爭，即使是在同一群體或同一組織之內，人們也可能為了獲得一己的目標，而採用各種計策，並和他人互相競爭。再用〈人情與面子〉的理論模型來看，不論是「工具性關係」、「混合性關係」，或甚至是「情感性關係」，都是由「工具性成分」和「情感性成分」所構成的，其間差異不過是兩種成分的多寡而已。換言之，不管是在哪一種人際關係裡，當個人以對方做為個人達成目標的工具時，他便可能使用「計策行動」，並和他人進行互動。

根據黃光國（2009；Hwang, 2012）的分析，在儒家「尊尊原則」和法家「生法於君」的傳統之下，當組織內的交易標準或「遊戲規則」不明確時，便會預留下許多使用「計策行動」的空間，個人便可能採取計策行動來爭取利益。由此可見，欲對華人的社會行動有一全面性的了解，除了法家之「陽謀」外，還需要進一步探討源自於兵家的「陰謀」，也就是所謂的「計策行動」。

從「結構主義」的角度來看，兵家思想正如道家、儒家、法家思想那樣，構成了中華文化的「深層結構」。以這樣的「深層結構」為基礎，中國歷史上有許多人成功地使用兵法，或者打敗敵人，或者度過人生中的難關，成為一般華人家喻戶曉的成語故事。這種成語本身具有高度的隱喻性（metaphoric），當個人覺得他所面臨的生活情境於某一成語所描述的情境相當類似時，他便可能引用該一成語來應付他所面臨的情境。這時候，我們可以說：他的語言行動是由其文化之「深層結構」所衍生出來的「淺層結構」。當然，對於行動者而言，他自己可能根本感覺不到有任何「結構」存在。可是，倘若我們從華人計策行動的「深層結構」重新建構其「淺層結構」時，我們不僅能夠看出計策行動和兵家思想之間的關聯，而且能夠對華人的社會行動有更深一層的了解。

▣ 三十六計

關於中國社會裡的計策行動，很早以前便有「三十六計」之說。無谷（1979）在其譯註的《三十六計》「前言」中指出：「三十六計」一詞，最早見於《南齊書・卷二十六・王敬則傳》：

「敬則倉卒東起，朝廷震懼。東昏侯……使上人屋望，見征虜亭失火，謂敬則至，急裝欲走。有告敬則者，敬則曰：『檀公三十六策，走是上計，汝父子唯應急走耳。』」

檀公是指南朝宋國名將檀道濟。根據《南史・卷十五・檀道濟傳》的記載：有一次，他帶領軍隊跟魏軍作戰，雙方交鋒三十餘次，大多告捷，攻到歷城時，糧食補給不濟，而準備撤退。其部下有人降魏，洩露宋軍糧食將盡的消息。道濟卻教軍需補給人員故意在晚間大聲量沙，再以剩下的米糧覆於其上，讓魏軍探子誤以為宋軍還有餘糧。情報送回後，衛軍不但不敢猛攻，反倒認為降者妄語，而將之斬首。道濟撤退時，兵力已經呈現弱勢，他命令軍隊披堅執銳，自己穿上文官服裝，乘坐轎輿在軍隊的外圍徐徐走動，衛軍疑其有詐，不敢急追。結果「道濟雖不克定河南」，卻能夠「全軍而返，雄名大振，魏甚憚之」。所謂「三十六計，走為上策」，便是指檀道濟運用各種計策行動，成功的達到「全軍而退」的目的。

至於其他的三十六計是什麼呢？史書上並沒有詳細記載。1941 年，有人在陝西邠州某一書攤上發現了一本名為《三十六計》的手抄本，旁注小字「秘本兵法」，這本書後來由成都興華印刷廠用土紙翻印。這本書不僅列出三十六計的名稱，每一條計策均依易經卦象予以解釋，並根據兵法做了暗語。後來，服務於北京政治學院的無谷先生將這些解釋和暗語譯成白話，再加註釋，交由吉林人民出版社於 1979 年重新刊行。

「秘本兵法」將《三十六計》分為六套，每六計成為一套：第一套為勝戰計；第二套為敵戰計；第三套為攻戰計；第四套為混戰計；第五套為並戰計；第六套為敗戰計。依照原作者的說法，勝戰、攻戰、並戰，是處於優勢時所用之計謀；敵戰、混戰、敗戰，則是處於劣勢時所用之計謀。這六套計的內容是：

一、勝戰計		二、敵戰計		三、攻戰計	
	1 瞞天過海		7 無中生有		13 打草驚蛇
	2 圍魏救趙		8 暗渡陳倉		14 借屍還魂
	3 借刀殺人		9 隔岸觀火		15 調虎離山
	4 以逸待勞		10 笑裡藏刀		16 欲擒故縱
	5 趁火打劫		11 李代桃僵		17 拋磚引玉
	6 聲東擊西		12 順手牽羊		18 擒賊擒王
四、混戰計	19 釜底抽薪	五、並戰計	25 偷樑換柱	六、敗戰計	31 美人計
	20 混水摸魚		26 指桑罵槐		32 空城記
	21 金蟬脫殼		27 假痴不顛		33 反間計
	22 關門捉賊		28 上樓抽梯		34 苦肉計
	23 遠交近攻		29 虛張聲勢		35 連環計
	24 假道伐虢		30 反客為主		36 走為上策

▣ 《易經》與計策

「秘本兵法」的原作者用「陰／陽」、「剛／柔」、「虛／實」、「動／靜」的概念來解釋每一計策，比方說，「瞞天過海」的解釋是：「備周則意怠，常見則不疑。陰在陽之內，不在陽之對。太陽、太陰」；「圍魏救趙」的解釋是：「共敵不如分敵；敵陽不如敵陰」；「以逸待勞」是「困敵之勢，不以戰；損剛益柔」；「趁火打劫」則是「敵之害大，就勢取利，剛決柔也」。這些解釋中的斷語，譬如：「太陽、太陰」、「敵陽不如敵陰」、「損剛益柔」、「剛決柔也」，都是《易經》中的卦象，原作者顯然是試圖用《易經》來說明三十六計的變化。在他看來，這六套計策，各有首尾、次第，而且由這六套計策，還可以推演出更多的計策來。

在「秘本兵法」原作者的角度來看，甚至連這「六六三十六」之數也有其特殊含意。無谷先生引用《汲古叢語》中的一段話來說明這一點：「一、三、五者，天之生數也，積天之數而為九；二、四者，地之生數也，積地之數而為六。故陽爻用九；而陰爻用六」，「用陰爻『坤』的符號『☷』（六）做為基礎，重（乘）六，用積數三十六」，而《嘉祐集・太玄論下》則稱：「太玄之策，三十有六」（無谷，1979：2），因此，在《易經》的傳統裡，「六六三十六」便是代表「陰中之陰」，充滿了神秘的「太玄之策」。

由此我們大致可以推知：在中國的文化傳統裡，「三十六」本來就是一個代表神秘的數字，「三十六計」之名雖然是自古有之，但並沒有一定的具體內容。「秘本兵法」的作者因此蒐集民間流傳的計策名稱，配合兵法及《易經》的理念，編成《三十六計》之書。用結構主義的概念來說，對於一般華人而言，諸如前述「三十六計」之類的計策名稱，是所謂的「自覺模式」，《三十六計》作者所列出的分類系統，則是屬於「非自覺模式」。

▣ 計策衍生學

在「秘本兵法」之後，坊間也出現過許多與「三十六計」或「計策行動」有關的通俗書籍，其中所列的計策項目，或者抄自「秘本兵法」，或者與之大不相同，例如：馬森亮、張贛萍（1969）合著的《三十六計古今引例》是一本寫得比較嚴謹的書，但計策編序與「秘本兵法」完全不同，項目內容也彼此各異。喬健（1981）認為：最初說「三十六計」，可能只是籠統指出一個神秘高深的計策系統，並未清楚列出每一計策的名目，在後人附會的結果，三十六計遂有不同的內容。他進一步蒐集人們經常認為是計策的成語或單字，共列出了六十六條，舉例如下：

37 一箭雙鵰	38 明知故犯	39 先發制人	40 落井下石
41 移屍嫁禍	42 殺雞儆猴	43 激將計	44 移花接木
45 張冠李戴	46 狐假虎威	47 兩面三刀	48 看風使舵
49 投石問路	50 棄卒保帥	51 避重就輕	52 賊喊捉賊
53 小題大作	54 旁敲側擊	55 將計就計	56 魚目混珠
57 虛張聲勢	58 順水推舟	59 捧（拍）	60 攀
61 拉	62 鑽	63 附	

事實上，這樣的計策清單是可以一直開列下去的；更清楚地說，在任何一個文化裡，人們在生活世界裡使用的語言遊戲都是鮮活的。在兵家文化傳統的「深層結構」影響之下，只要人們在社會生活中持續使用「詭道」，一旦有某一社會事件演變成膾炙人口的歷史故事，人們便可能「鑄造」出一個成語來概括此一事件，它便可能變成人們沿用的計策。

不僅如此，計策行動的名目也會隨著語言的使用而增生出新的意義。比方說，三十六計中有一招「暗渡陳倉」，原先的典故是：楚漢相爭之際，劉邦從鴻門宴上逃離項羽的控制，率部進入四川，謀士張良即將入蜀棧道燒燬，一方面預防項羽追擊，另一方面明示不再東歸。及至韓信拜將之後，經過幾年生聚教訓，在出兵東征之前，先派人去修復棧道，使項羽守將章邯誤以為劉邦將由此出擊，但暗中卻派大軍由陳倉的小路進襲，出其不意，攻其無備，大敗楚將章邯，接著又步步進逼，最後迫使項羽自刎於烏江邊。自此之後，凡是雙方對壘，一方故意明示目標，吸引對方注意，暗地裡卻進行另一項進攻計畫，出奇制勝，都可以叫做「明修棧道，暗渡陳倉」。可是，現在民間卻常常使用「陳倉暗渡」一詞來指稱男女在婚外偷情的情況。

然則，這許許多多的計策名目，這些不斷滋生出新意義的計策名目，究竟是從什麼樣的「深層結構」衍生出來的？它對於了解華人的社會行動又具有什麼含意？前文論及：「秘本兵法」的作者曾經以《易經》和兵法為基礎，探討《三十六計》的結構；但是他分析計策行動的基本立場，卻是以之做為「兵法」，而不是把它當做「社會行動」。喬健（1981）也曾經試圖將計策行動加以分類，但尚未提出一定的結論。因此，我認為：我們有必要將計策行動看做是日常生活中的一種社會行動，用〈人情與面子〉的架構做為基礎，重新加以詮釋，藉以看出計策行動之後的「深層結構」。

參、兵家思想的主要內容

▣ 先為不可勝，而後求勝

了解「計策」在兵家思想中的意義之後，我們便可以進一步探討兵家思想的主要內容，藉以說明「計策行動」是從什麼樣的「深層結構」衍生出來的。

對於兵家而言，強固本身的各種條件，「立於不敗之地」，讓敵人不敢隨意侵犯，是行動主體立身處世的第一要務。《孫子兵法》一再強調：

> 「故善戰者，立於不敗之地，而不失敵之敗也。」〈軍形篇〉
> 「昔之善戰者，先為不可勝，以待敵之可勝；不可勝在己，可勝在敵。故善戰者，能為不可勝，不能使敵之必可勝。故曰：勝可知，而不可為。」〈軍形篇〉
> 「故用兵之法，無恃其不來，恃吾有以待也；無恃其不攻，恃吾有所不可攻也。」〈九變篇〉

所謂「先為不可勝」、「恃吾有以待之」、「恃吾有所不可攻」，其意義都是在強固自身的條件；「立於不敗之地」，讓敵人不敢隨便萌發來犯之意。這種自固自強的行動，是可以完全操之在我的，所以說：「能為不可勝」、「不可勝在己」。反過來說，倘若行動主體自己不爭氣，從內部開始腐化，那就是在「使敵之必可勝」，替敵人製造可能獲勝的機會。商鞅說：「能勝彊敵者，先自勝者也」《商君書・畫策第十八》，所謂「自勝」，其意義即在於此。

孫武之後，有許多兵法家繼續發揮此一命題：

「用兵之道，難保其必勝，而可保其必不敗。不立於不敗之地，而欲求以勝人者，此僥幸之道也，而非得之多也。」《投筆膚談・上卷・家計・第二》

「蓋聞善用兵者，必先修諸己，而後求諸人。先為不可勝，而後求勝。修己於人，求勝於敵。己未能治也，而攻人之亂，是猶以火救火，以水應水也，何所能制？」《淮南子・卷十五・兵略訓》

在兵家看來，決定「賽局」中勝負的因素非常之多，這些因素的關鍵，並非完全操之在我，有些是不可知的，有些則是由敵方所控制的。行動主體所能做的事，即是掌握自己所控制的因素，「立於不敗之地」後，「以待敵之可勝」，等待有利的時機，再伺機出襲。《孫子兵法・軍形篇》說：「勝可知，而不可為」，《淮南子・兵略訓》說：「先為不可勝，而後求勝」，其用意均在於強調：用兵之道，僅能保其不敗，而無法保其必勝。倘若行動主體的自身條件不固，而妄想克服他人，「己未能治，而攻人之亂」，這是「僥倖之道」，是「以火救火，以水應水」，唯有自取其禍而已，不足為訓。

◘ 因勢利導，量力乘機

處於「賽局」中的行動者必須考慮其對手的角色、關係、價值取向、擁有的資源，以及其可能採取的行動，而對「賽局」中的情勢有一個全盤性的了解，才能決定他下一步將採取什麼樣的行動。由於「賽局」是一種社會空間，而社會空間中的權力結構是隨著時間的經過而不斷改變的，這就構成了中國兵法家所謂的「時」、「機」：

> 「夫難得而易失者，時也。時至而不旋踵者，機也。故聖人常順時而動，智者必因機而發。」《九州春秋》
>
> 「勢之維繫處為機，事之轉變處為機，物之緊切處為機，時之湊合處為機。有目前即是機，轉瞬處即非機者；有乘之則為機，失之即無機者。謀之宜深，藏之宜密，定於識，利於決。」《兵法百言‧智篇‧機》

「勢之維繫」即是「賽局」之社會空間中的權力結構。由於時機「難得而易失」，「不旋踵」即失，「轉瞬處即非機」，「乘之則為機，失之即無機」，因此許多兵法家都極力強調「機不可失」，要把握一蹤即逝的時機，例如：周武王伐紂，紂王潰敗之後，周武王問姜太公：「殷已亡之人，今可伐乎？」姜太公便講了一段極富戰略概念的話：

> 「臣聞之，知天者不怨天，知己者不怨人。先謀後事者昌，先事後謀者亡。且天與不取，反受其咎；時至不行，反受其殃。非時而生，是為妄成。故夏條可結，冬冰可釋，時難得而易失也。」《太公金匱》

中國人所謂的「計」、「謀」，便是要把握住這種間不容髮「難得而易失」的時機，根據「賽局」上的權力結構，做出對自己最有利的行動。王陽明說：

> 「兵無定勢，謀貴從時。苟勢或因地而異便，則事宜量力以乘機。」《王陽明全集‧卷十‧議夾剿方略疏》

李靖於《衛公兵法》一書中則強調：

「凡事有形同而勢異者，亦有勢同而形別者。若順其可，則一舉而功濟，如從未可，則擊，動而必敗。故孫臏曰：『計者，因其勢而利導之。』」

「勢」是指賽局中雙方的實力，「形」則是雙方實力之外觀及比較。由於「兵無定勢」，「勢或因地而異變」，賽局中的形勢不斷地發生變化，因此兵家主張「謀貴從時」、「事宜量力以乘機」、「因其勢而利導之」，希望能「一舉而功濟」，達到克敵制勝的目的。

▣ 不戰而屈人之兵

中國兵法始祖孫武是堅決反對窮兵黷武，隨意動兵的：

「夫戰勝攻取，而不修其功者兇。」
「明主慮之，良將修之。非利不動，非得不用，非危不戰。主不可以怒而興師，將不可以慍而致戰，合於利而動，不合於利而止。怒可以復喜，慍可以復悅，亡國不可以復存，死者不可以復生，故明主慎之，良將警之，此安國全軍之道也。」《孫子兵法・火攻篇》

在孫武看來，出兵打仗是非常耗費實力之事：「凡興師十萬，出征千里，百姓之費，公家之奉，日費千金，內外騷動，怠於道路，不得操事者，七十萬家」《孫子兵法・用間篇》，萬一戰爭失敗，國破人亡，「亡國不可以復存，死者不可以復生」，那更是災情慘重，懊悔莫及。因此，他一再告誡「明主」、「良將」：「兵者，國之大事，死生之地，存亡之道，不可不察也」《孫子兵法・始計篇》。在他看來，「兵凶戰危」，戰爭是不得已時的下下之策，他最講究的是：「不戰而屈人之兵」：

「凡用兵之法，全國為上，破國次之；全軍為上，破軍次之。」
「是故百戰百勝，非善之善者也；不戰而屈人之兵，善之善者也。」
「故善用兵者，屈人之兵而非戰也，拔人之城而非攻也，毀人之國而非久也，必以全爭於天下。故兵不頓，而利可全，此謀攻之法也。」《孫子兵法・謀攻篇》

以「全」取勝，以「全」爭天下，是中國兵家思想中的一個重要命題。在兵家看來，雙方經過激烈戰爭之後，即使將敵方擊敗了，對方固然是城破國亡，斷瓦殘垣，我方也難免損兵折將，元氣大傷。因此，兵家主張：「兵者，凶器也；戰者，逆德也」《史記・卷四十一・越王勾踐世家》，非萬不得已不隨便輕用。行動主體最應當思考的是：「不戰而屈人之兵」，「以全爭於天下」。在「兵不頓，利可全」的情況下，便可以「屈人之兵」、「拔人之城」、「毀人之國」，讓對方「全國」、「全軍」為我所用。

▣ 伐謀制變，勝於無形

然則，如何才能達到此一目標呢？孫武的觀點是：

「故上兵伐謀，其次伐交，其次伐兵，其下攻城。」《孫子兵法・謀攻篇》

後世的兵法家更進一步闡述孫子的此一主張：

「伐謀者，攻敵之心，使不能謀也；伐交者，絕敵之援，使不能合也；伐兵者，合刃於立屍之場，不得已而用之也。」《武經總要・前集・卷三・敘戰上》

所謂「伐謀」的意思，就是「凡敵始有謀，我從而攻之，使彼計窮而屈服」《百戰奇略・謀戰》，「攻敵之心」，使其計窮而無法再謀。在兵家看來，這是「不戰而屈人之兵」的最重要方法：

「善戰者，不待張軍；善除患者，理於未生；勝敵者，勝於無形。上戰無與戰。故爭勝於白刃之前者，非良將也；設備於已失之後者，非上聖也。」《六韜・龍韜・軍勢・第二十六》

「善師者不陣，善陣者不戰。此言發謀制變，先聲後實。軍志素定，奪人之心，不待旗壘之相摩，兵矢相接而勝負之勢決於前矣。」《經武要略・正集・卷二・陣法上》

《軍志》是古代兵書，其內容已經佚失。「軍志素定，奪人之心」的意思是：依照兵法的原則，做好戰爭的準備，「發謀制變」，打好「謀略戰」，讓對方順服於行動主體之意志，這就是所謂的「善師者不陣，善陣者不戰」，「上戰無與戰」，「勝敵者，勝於無形」。由此可見，中國兵法家一向非常強調「伐謀」的重要性，至於在戰場上「旗壘之相摩」，「兵矢相接」，雙方「爭勝於白刃之前」，那是不得已的下下之策，最好能夠備而不用。

◘ 伐交勾結，以為己援

前文說過，「伐交」的意義是「絕敵之援，使不能合」，意思就是運用外交手腕，孤立敵人：

「善觀敵者，當逆知其所始；善制敵者，當先去其所恃。」《岳忠武王文集・卷一》

「凡與敵戰，傍與鄰國，當卑詞厚賂結之，以為己援。若我攻敵人之前，彼犄其後，則敵人必敗。」《百戰奇略・交戰》

「伐交」一方面要能夠「絕敵之援」、「去其所恃」，一方面要連結鄰國，「以為己援」，行動主體萬一和敵人發生衝突，第三者若不能拔刀相助，最少也不能乘機圖我。這就是計策行動中所謂的「遠交近攻」，也是近世所稱的「外交戰」。然而，「伐交」的意義並不僅此而已。做為「詭道」之一，「伐交」的神髓在於「勾」字：

> 「勾敵之信以為通，勾敵之勇以為應，與國勾之為聲援，四裔勾之助攻擊。勝天下者用天下，未聞己力之獨特也。抑勾乃險策，用則必防其中變。究竟思足以結之，力足以制之，乃可以勾。」《兵法百言・法篇・勾》

「伐交」的原則是「勝天下者用天下」，團結所有可資利用的資源，而不能獨恃一己之力。因此不僅要「與國勾之為聲援」，「四裔勾之助攻擊」，而且要勾結敵方的親信為我方通消息，勾結敵方的兵勇做為我方的內應。至於「勾」的方法，則不外乎「威逼利誘」四字：「恩足以結之，力足以制之」，再「卑詞厚結之」。

◘ 先謀而後戰

從以上的論述中，我們已經可以看出：兵法家對於「伐謀」、「伐交」、「伐兵」三者之間的態度是「上兵伐謀，其次伐交，其次伐兵」。將這樣的概念用在日常生活的「賽局」之中，便是主張勾心鬥角的「文鬥」，而反對動手動腳的「武鬥」。值得強調的是：在兵家看來，不論是「伐兵」或者「伐交」，都必然含有「伐謀」的成分在內；而「伐謀」的許多原因，則是源自於在戰場上「伐兵」的經驗。此處，我們首先要說明的是「伐謀」在「伐兵」時的優越性：

> 「兩強相接，兩軍相持；事機之來，間不容息。蓄謀而俟，猶恐失

之。臨時始謀，固已疏矣。」《陸宣公奏議・卷九》

「謀，所以使吾戰也；戰，所以終吾謀也。是故先謀而後戰，其戰可勝；先戰而謀，其謀可敗。」《兵鏡或問・卷上・謀戰》

「是以古之善戰者，無幸勝而有常功。計必勝而後戰，是勝不可以幸得也；度有功而後動，是功可以常期也。」《何博士備論・李陵論》

雙方一旦開戰之後，「兩強相接，兩軍相持」，戰場上的情勢瞬息萬變，「事機之來，間不容息」，預先做縝密的規劃和準備，都還可能有所疏失，更何況是「臨時始謀」，毫無準備！因此，善於作戰的人一定要了解：計畫是作戰的開始，作戰則是計畫的實踐，緊緊掌握住「先謀而後戰」的原則，仔細估算有必勝的把握之後，再對敵宣戰，這就是所謂的「度有功而後動」、「計必勝而後戰」，絕對不打沒有把握的仗。

◘ 知己知彼

「度有功而後動」、「計必勝而後戰」的第一步，是要客觀評量雙方對立的情勢。《孫子兵法・始計篇》開宗明義即說：

「兵者，國之大事，死生之地，存亡之道，不可不察也。故經之以五事，校之以計，而索其情：一曰道，二曰天，三曰地，四曰將，五曰法。」

「此五者，將莫不聞。知之者勝，不知者不勝。故校之以計，而索其情。曰：主孰有道？將孰有能？天地孰得？法令孰行？兵眾孰強？士卒孰練？賞罰孰明？吾以此知勝負矣。」

「校之以計，而索其情」的意思是：兩軍對峙，在開戰之前，做為雙方行動主體的主將，必須詳細地蒐集有關雙方「道、天、地、將、法」等方面的情報，客觀地加以比較。孫子認為這種雙方實力的客觀評估是「知之者勝，不知者不勝」：

「知彼知己，百戰不殆；不知彼而知己，一勝一負；不知彼不知己，每戰必殆。」《孫子兵法・謀攻篇》

同樣的原則也可以用在「謀攻」的階段：

「古之善用天下者，必量天下之權，而揣諸侯之情。量權不審，不知強弱輕重之稱；揣情不審，不知隱匿變化之動靜。」《鬼谷子・揣篇・第七》

此處所謂的「天下」，可以看做是本文所稱的「賽場」；「諸侯」則是在「賽局」中參與權力鬥爭的各個角色。鬼谷子這段話的意思是說：在進入「賽局」參與權力角逐之前，一定要先「量天下之權」，而「揣諸侯之情」，了解整個賽局上的形勢，以及參與角逐者的意向，這也就是《六韜》中所說的：

「必見其陽，又見其陰，乃知其心；必見其外，又見其內，乃知其意；必見其疏，又見其親，乃知其情。」《六韜・武韜・發啟・第十二》

「必見其陽，又見其陰」、「必見其外，又見其內」、「必見其疏，又見其親」，其意義就是要能夠客觀評量雙方情勢。兵家認為：唯有「料其彼我之形」，方能「定乎得失之計」，在必要的時候，「始可出兵決於勝負」《衛公兵法》。而「料其彼我之形」的不二法門，便是派遣間諜，蒐集情報：

「故明君賢將，所以動而勝人，成功出於眾者，先知也。先知者，不可取於鬼神，不可象於事，不可驗於度，必取於人，知敵之情者也。」《孫子兵法・用間篇》

孫子反對迷信鬼神，反對憑舊經驗（事）做類比推測（象），也反對仰觀天象星宿的「度」，而主張從了解敵情的人取得情報。在《孫子兵法・用間篇》中，他更進一步將間諜分為五種：「鄉間」是誘使對方的鄉人作間諜，「內間」是引誘敵方的官吏作間諜；「反間」是引誘敵方間諜為我所用；「死間」是冒著生命危險傳遞假情報，使敵人信以為真；「生間」則是能活著回來報告敵情者。

華人社會中所流行的計策行動中，便有「反間計」一項；「苦肉計」則是派出孫子所謂的「死間」；「美人計」中的美人，也大多負有蒐集情報或策反的任務。其他像「旁敲側擊」、「投石問路」、「拋磚引玉」等，其目的都在於摸清楚對方底細，以了解「賽局」中的整體情勢。

◘ 提正名，舉義兵

前節說過，兵家取勝的重要原則之一是「勝天下者，用天下」，不能只憑一己之力。用兵家的話來說，這就是：

「夫乘眾人之智，則無不任也；用眾人之力，則無不勝也。」《淮南子・卷九・主術訓》

怎樣才能夠「乘眾人之智」、「用眾人之力」呢？兵家的主張是「提正名以伐，得所欲而止」《經法・稱》，提出堂堂正正的出兵理由，達到自己所宣稱的目標後便鳴金收兵。用中國人常用的話來說，就是要起「義兵」，舉「正正之旗」、興「堂堂之師」：

「兵苟義，攻伐亦可，救守亦可。兵不義，攻伐不可，救守不可。」《呂氏春秋・卷七孟秋紀・禁塞》

「夫以義誅不義，若決江河而漑爝火，臨不測而擠欲墜，其克必矣。」《三略・下略》

「爝火」是以葦草紮成的小火把。「決江河而漑爝火」，是用江河之水去湮滅小火把；「臨不測而擠欲墜」，是在深淵旁邊推落一個搖搖欲墜的人。在兵家看來，「以義誅不義」正如摧枯拉朽一樣，不論「攻伐」、「救守」，都可水到渠成。反過來說，「師出無名」是兵家大忌，不僅「攻伐」不可能成功，連「救守」都可能遭致失敗。因此，兵家主張：

「兵非道德仁義者，雖伯有天下，君子不取。」《神機制敵太白陰經・卷二・善師篇・第十一》

《吳子兵法・圖國篇》上說：「百姓皆是吾君而非鄰國，則戰已勝矣。」然則，怎樣讓大家認定我方所舉的是「義兵」，進而「是吾君而非鄰國」呢？兵家的主張是：

「舉事以為人者，眾助之；舉事以自為者，眾去之。眾之所助，雖弱必強；眾之所去，雖大必亡。」《淮南子・卷十五・兵略訓》

倘若興兵討伐的目的是為了大眾的利益，「誅暴討亂」，便可以得到大眾的支持；相反的，倘若舉兵的目的是為了自身的利益，便可能受到大眾的背棄。有些人為了讓大眾認定他是舉「義兵」，而用「移屍嫁禍」之計，使大眾將攻擊的箭頭指向對方，再以「誅暴」之名，「以義伐不義」。當然，在歷史上，玩弄「移屍嫁禍」的手法，卻因為手腳不夠乾淨俐落而弄巧反拙的案例，也所在多有。

▣ 批吭搗虛

在《史記・孫子吳起列傳》中，孫臏講過一段話：「夫解雜亂糾紛者不控捲，救鬥者不搏撠，批吭搗虛，形格勢禁，則自為解耳。」

「吭」是「咽喉」之意，在此指要害。「批吭搗虛」的意思是抓住對方要害，擊其虛弱之處。這段話的意思是說：排解糾紛而場面雜亂時，不能自己握緊拳頭去硬打；在打鬥中救援別人，也不能用空手去搏武器，而必須抓住敵人要害，打擊其虛弱之處，對方在形勢逼迫之下，自然會解兵而去。當雙方在「賽局」中開始正面衝突之後，「批吭搗虛」正是擊潰對方的最高指導原則：

> 「凡用兵者，攻堅則軔，乘瑕則神。攻堅則瑕者堅，乘瑕則堅者瑕。」《管子・制分・第二十九》
>
> 「釋實而攻虛，釋堅而攻脆，釋難而攻易，此百勝之術也。」《武經總要・前集・卷四・制度四・察敵形》
>
> 「出其所不趨，趨其所不意，行千里而不勞者，行於無人之地也。攻而必取者，攻其所不守也；守而必固者，守其所不攻也。」《孫子兵法・虛實篇》

「軔」是防止車輪轉動的木頭，車開動前須先抽去。「瑕」是瑕疵、弱點之意。攻擊敵人的堅強之處，必然會遭遇到阻力；打擊對方的弱點，就能取得神奇的成就。比方說，「行於無人之地」，便能夠「行千里而不勞」；「守其所不攻」，便能夠「守而必固」；「攻其所不守」，便能夠「攻而必取」。這樣的「批吭搗虛」，如何能不讓人驚嘆不置，而佩服其用兵如神？因此，作戰的最高指導原則，就是「釋實而攻虛，釋堅而攻脆，釋難而攻易」，「見其虛則進，見其實則止」《六韜・龍韜》。

肆、兵家思想與計策行動

了解兵家思想的主要內容，我們便不難理解：從這樣的「深層結構」，如何衍生出華人日常生活中所用的種種計策行動。在前述各節的分析中，我一直強調：用〈人情與面子〉的理論模型來看，華人生活中的「賽局」，主要是由含有高度「工具性成分」的各種人際關係所構成。行動主體之所以和他人建立這種性質的關係，主要是企圖以這種關係為工具，來獲取某種特定目標。由於這種關係裡的工具性成分多，而情感性成分少，因此人與人之間比較不容易有坦誠的溝通。在「知己知彼，百戰不殆」的原則下，進入「賽局」中的行動主體一定要用諸如「旁敲側擊」、「投石問路」、「拋磚引玉」之類的計策行動，來了解整個「賽局」上的情勢。必要的時候，他還可以運用「反間計」、「苦肉計」，或甚至是「美人計」，透過熟悉「敵情」的人來傳遞消息，收取情報。

回 知己知彼，見機行事

在「賽局」上，由於彼此間利益的爭奪，造成人與人之間關係的詭詐多變。尤其是在「人治」重於「法治」的華人社會裡，當人與人之間的「交易標準」不明確時，「賽局」上的變化更可能與戰場上十分類似：

> 「見利宜疾，未利則止；趨利承時，間不容息。先之一刻，則大過，後之一刻，則失時也。」《武經總要・前集・卷三》

在前一節中，我指出：「伐謀」的意思就是「凡敵始有謀，我從而攻之，使彼計窮而屈服」。由於「賽局」上的情勢變化多端，計策的內容也應當「隨機應變」。用兵法的概念來說，這就是：

「善計者因敵而生，因己而生，因古而生，因書而生，因天時、地利、事物而生，對法而生，反勘而生。」《兵法百言·智篇·生》

「反勘」是反覆斟酌之意，「對法而生」是根據兵法擬定計策。在兵家看來，「事各具善機也，時各載善局也」，擬定計策時，最重要的原則是針對時局，把握時機，「合於利則行，不合於利則止」。至於計策的內容，則可以「因敵而生，因己而生，因古而生，因書而生……」，用華人日常生活中的語言來說，這就是要「隨機應變」、「見機行事」、「將計就計」、「見風轉舵」、「順水推舟」。

由於兵家主張「勝天下者，用天下」，在「人治」重於「法治」的文化傳統之下，儒家的「尊尊原則」又常常使資源支配者掌握極大的自由裁量權，行動主體為了獲取某項特定的目標，往往會利用鑽空隙、拉關係、拍馬屁或其他「卑詞厚賂」的方法，動員各種可資利用的力量，用自己的競爭對手進行「遠交近攻」，而資源支配者也可能利用拖、拉、推等計策，避開人情的困擾。

在同一個「賽局」中，倘若有第三者與行動主體的對手發生衝突，行動主體可能會採取「隔岸觀火」的策略，「坐山觀虎鬥」。當然，在「批吭搗虛」的原則之下，他可能在混亂中「混水摸魚」或「順手牽羊」，占點小便宜，也可能「趁火打劫」或「落井下石」，趁機打擊對方。

◘ 虛實相生，借局布勢

由於「批吭搗虛」是攻戰的最高指導原則，雙方一旦在「賽局」上「攻伐」，行動主體會「釋實而攻虛」，他的對手也會「釋堅而攻脆」，因此，他們必須一方面了解對方的虛實，一方面則讓對方弄不清楚我方的虛實。針對後者，老子最先主張：

「將欲歙之，必固張之。將欲弱之，必固強之。將欲廢之，必固與

之。將欲奪之，必固與之。」（《道德經》第三十六章）

孫武據此而提出了「兵者，詭道也」的著名命題。之後又有許多兵法家根據此一命題繼續再做發揮：

「虛實在敵，必審知之，然後能避實而擊虛；虛實在我，貴我能誤敵。或虛而示之以實，或實而示之以虛；或虛而虛之，使敵轉疑以我為實；或實而實之，使敵轉疑以我為虛。玄之又玄，令不可測，乖其所之，誘之無不來，動之無不從者，深知虛實之妙而巧投之也。」《草廬經略・卷六・虛實》

華人社會中所流傳的計策行動，有許多是由兵家「虛／實」或「剛／柔」的對立之中，辯證性地演變出來的。「虛而示之以實」，是一般人最常用的策略，例如：「虛張聲勢」、「樹上開花」等，均是此中之例。「樹上開花」的意思是說：此樹本來無花，而樹上又可以有花，因此剪一些彩紙貼在樹上，藉以惑人耳目。其他種種「借局布勢」的手法，都可以說是「樹上開花」之計。

《六韜・發啟》上所說的「鷙鳥將擊，卑飛斂翼；猛獸將搏，弭耳俯伏，聖人將動，必有愚色」是「實而示之以虛」，卻又隨時可能「化虛為實」，其目的在於「出其不意，攻其不備」。「無中生有」是「示之以虛，而化虛為實」。「空城計」是「虛而虛之，使敵轉疑以我為實」；「打草驚蛇」是「實而實之，使敵轉疑以我為虛」。「偷天換日」、「移花接木」、「偷桃換李」、「張冠李戴」、「偷樑換柱」，或者是「化實為虛」，或者是「化虛為實」，其目的則在於「魚目混珠」，以求「瞞天過海」。

「用兵之道，示之以柔而迎之以剛，示之以弱而乘之以強，為之以歙，而應之以張；將欲西而示之以東；先忤而後合，前冥而後明。

若鬼之無跡，若水之無創。故所向非所之也，所見非所謀也。舉措動靜，莫能識也。若雷之擊，不可為備。所用不復，故勝可百全。」《淮南子・卷十六・兵略訓》

「笑裡藏刀」是「示之以柔而迎之以剛」；「扮豬吃虎」是「示之以弱而乘之以強」；「欲擒故縱」是「為之以歙，而應之以張」；「聲東擊西」是「將欲西而示之以東」。「明知故昧」或「假痴不癲」是孫子所說的「能而示之以不能」；「借屍還魂」是「用而示之以不用」；「暗渡陳倉」是「所向非所之也」；「指桑罵槐」則是「所見非所謀也」；「圍衛救趙」是「攻其所必救」；「調虎離山」是「誘之無不來，動之無不從」。再用孫子的話來說，「混水摸魚」是「亂而取之」；「激將計」是「怒而撓之」；「卑詞厚賄」是「卑而驕之」；「以逸待勞」是「逸而勞之」；「兩面三刀」是「親而離之」。

◘ 擒賊擒王，反敗為勝

「凡戰者，以正合，以奇勝。故善出奇者，無窮如天地，不竭如江海……戰勢不過奇正，奇正之變，不可勝窮之也。」《孫子兵法・兵勢篇》

「奇／正」的辯證使用，是中國古代兵法中的重要概念之一。一般而言，常規為正，變法為奇；在軍事作戰上，按一般原則，堂堂正正進軍，做正面攻擊為正兵；採用迂迴、側擊、偷襲等特殊戰法，則為奇兵。以上所說的各種計策行動，都可以說是「出其不意，攻其無備」的奇兵之例。在孫子看來，善於運用這些計策的人，將可「無窮如天地，不竭如江海」，再配上「正兵」靈活使用，必然是「奇正之變，不可勝窮」；其最終目的，則在於「擒賊擒王」。杜甫的〈前出塞〉詩很能反映中國的兵家哲學：

「挽弓當挽強，用箭當用長。射人先射馬，擒賊先擒王。殺人亦有限，立國自有疆。苟能制侵陵，豈在多殺傷！」

能夠克敵致勝、「擒賊擒王」，當然最為理想。可是，「勝敗兵家常事」，萬一形式對我不利，又當如何？「秘本兵法」的作者認為：在敵勢全勝，而我又不能戰的情況下，只有「降」、「和」或「走」等三條路。「降」則全敗，「和」則單敗，「走」則未敗。未敗還有勝之轉機，因此，「三十六計，走為上計」。倘若連走都走不動時，怎麼辦呢？

在「三十六計」中，有一招「李代桃僵」，是出自《樂府詩集．雞鳴篇》：「桃生露井上，李樹生桃傍。蟲來齧桃根，李樹代桃齧」，意思是說：當局勢發展到必然要有所損失的時候，行動主體要能捨得局部的損失，以保存實力；此即「棄卒保帥」，等到時機有利時，再「反客為主」。這一計，也可以叫做「扮豬吃虎」，意思是說：獵人要捉老虎，先把自己扮成一頭野豬，將老虎引出來後，再「出其不意，攻其無備」。用《孫子兵法》的概念來說，「扮豬」就是「藏之九地之下」，「吃虎」就是「動於九天之上」。比方說，在三國演義裡，大司徒王允為了圖謀董卓，先送大禮給董卓的義子呂布，引呂布登門答謝，呂布說：「布乃一相府將，司徒為朝臣，何故錯敬？」王允答道：「方今天下別無英雄，惟有將軍耳。允非敬將軍之職，實敬將軍之才也。」

這番話拍得呂布飄飄欲仙。他再請教董卓時，又畢恭畢敬地說：「允自幼頗習天文，夜觀乾象，漢家氣數已盡，太師功德震於天下，若舜之受禹，禹之繼舜，正合天心人意。」又說：「自古有道代無道，無德讓有德，豈過分乎？」董卓聽了後，喜不自勝，道：「若果天命歸我，司徒當為元勛。」及至王允用美人計收買呂布，董卓羽翼已除，王允見時機成熟，便帶領兵馬，圍住董卓，喝道：「反賊至此，武士安在？」擺出一副「吃虎」之相。

伍、結論：由傳統到現在

本書在分析中華文化傳統的時候，並不是像五四時期的知識分子那樣，認為「傳統」是可以「打倒」的對象。相反的，我認為「傳統」即存在於語言中，是永遠無法消滅的。然而，本書也不把「傳統」當做是一成不變的固定之物，以為它有既定的形貌，可以歷久而彌堅，永世而不變。用海德格的哲學來看，這種視傳統為永恆不變的觀點，等於是把「過去→現在→未來」的時間向度，凝聚成為只有「現在」一點，認為「傳統」這樣的東西是「天不變，道亦不變」，過去如此，現在如此，將來還是如此。採取這種觀點的人，將被異化成為「博物館的管理員」或「拍賣場上的古董商」，在時間和歷史的經過中，他只是「保管」傳統，或只是「經手」傳統，而不是以實踐主體的身分，在從事文化傳統的創造。

依我的立場，傳統是一個「沒有定型的開放系統」，它永遠處在不斷的消解、重構和整合之中。我並不像許多學者那樣，將儒家思想視為等同於「中華文化傳統」；相反的，本書認為儒家只是「中華文化傳統」中的一個子系統，除了儒家之外，「中華文化傳統」還包含「道、法、兵」以及其他的子系統，而且還在不斷地成長擴大之中。在中、西文化密切交流的今日，許多外來文化也可能進入華人社會之中，而形塑出新的傳統。此處說傳統「沒有定型」，並不是說傳統「沒有形狀」，而是說傳統「沒有固定的形狀」。在現代社會裡，任何人都可能根據某種特定的觀點，重新詮釋傳統、利用傳統，並試圖用它來解決生活中的不同問題，借用馬克斯（K. Marx）的一段話來說：

> 「人們創造自己的歷史，但是他們並不是隨心所欲地創造，並不是在自己選定的條件下創造。已死的先輩們之傳統，像夢魘一樣糾纏著活人的頭腦。當人們好像只是在忙於改造自己和周圍的事物，並

> 創造前所未聞的事物時，恰好處於這種革命危機的時代，他們戰戰兢兢地請出亡靈，盼望它們伸出援手，借用它們的名字、戰鬥口號和衣服，以便穿著這種久受崇敬的服裝，用借來的語言，演出世界歷史的新場面。」（《馬克斯恩格斯全集》第八卷，頁121）

在華人社會現代化的過程裡，當華人「忙於改造自己和周圍的事物，並創造前所未聞的事物」時，他們是如何請出祖先的亡靈，「借用它們的名字、戰鬥口號和衣服」，穿上「久受崇敬的服裝，用借來的語言，演出世界歷史的新場面」？探討諸如此類的問題，正是當代華人社會科學家不可推託的使命。

參考文獻

王顯臣、許保林（1983）：《中國古代兵書雜談》。北京：解放軍出版社。

馬森亮、張贛萍（1969）：《三十六計古今引例》。臺北：宇宙出版社。

無谷（譯註）（1979）：《三十六計》。吉林：人民出版社。

陳復（2009）：《商周交會在齊國：齊文化與齊學術的研究》。臺北縣：花木蘭出版社。

喬健（1981）：〈中國文化中的計策問題初探〉。見李亦園、喬健（編）：《中國的民族、社會與文化》（頁 1-13）。台北：食貨出版社。

喬健（1993）：〈人在江湖：略說賽場概念在研究中國人計策行為中的功能〉。香港：第四屆現代化與中國文化研討會。

黃光國（2009）：《儒家關係主義：哲學反思、理論建構與實徵研究》。臺北：心理出版社。

黃光國（2012）：〈批判實在論與多重哲學典範：建構含攝文化的心理學理論〉。論文發表於 202 年 6 月 21 日中央研究院舉辦的第四屆漢學會議研討會。

Archer, M. S. (1995). *Realist social theory: The morphogenetic approach.* Cambridge, MA: Cambridge University Press.

Eisenstadt, S. N. (1982). The axirl age: The emergence of franscendental vision and the rise of clerics. *European Journal of Sociology, 23*(2), 294-314.

Habermas, J. (1987 [1985 in German]). *The philosophical discourse of modernity: Twelve lectures* (F. Lawrence, Trans.). Cambridge, UK: Polity Press.

Hwang, K. K. (2011a). *A proposal for scientific revolution in psychology* (in Chinese). Taipei, Taiwan: Psychological Publishing Co.

Hwang, K. K. (2011b). *The Mandala model of self. Psychological Studies, 56*(4), 329-334.

Hwang, K. K. (2012). *Foundations of Chinese psychology: Confucian social relations.* New York, NY: Springer.

Orum, A. M. (1979). Social constraints in the political arena: A theoretical inquiry into their form and manner. *Political Behavior, 1*(1), 31-52.

Popper, K. (1972/1989). *Objective knowledge: An evolutionary approach*. Oxford, UK: Oxford University Press. 程實定（譯）：《客觀知識》。臺北：結構群書店。

NOTE
ink

國家圖書館出版品預行編目（CIP）資料

倫理療癒與德性領導的後現代智慧／黃光國著.
--初版. -- 臺北市：心理, 2014.01
面； 公分. --（名家講座系列；71008）
ISBN 978-986-191-590-6（平裝）

1. 社會心理學 2. 本土化 3. 儒家

541.7 102027520

名家講座系列 71008

倫理療癒與德性領導的後現代智慧

作　　者：黃光國
執行編輯：郭佳玲
總 編 輯：林敬堯
發 行 人：洪有義
出 版 者：心理出版社股份有限公司
地　　址：台北市大安區和平東路一段 180 號 7 樓
電　　話：(02) 23671490
傳　　真：(02) 23671457
郵撥帳號：19293172 心理出版社股份有限公司
網　　址：http://www.psy.com.tw
電子信箱：psychoco@ms15.hinet.net
駐美代表：Lisa Wu（Tel: 973 546-5845）
排 版 者：辰皓國際出版製作有限公司
印 刷 者：辰皓國際出版製作有限公司
初版一刷：2014 年 1 月
I S B N：978-986-191-590-6
定　　價：新台幣 300 元

■有著作權・侵害必究■